INVENTAIRE
Z 5567

Z+2285
Ctf.1.

5567

Mackenzie inscrivant l'époque de son voyage.

ALEX. MACKENZIE.

Juillet 1801.

Il faut peut-être chercher dans l'inconstance et les dégoûts du cœur humain le motif de l'intérêt général qu'inspire la lecture des *Voyages*. Fatigués de la société où nous vivons, et des chagrins qui nous environnent, nous aimons à nous égarer en pensée dans des pays lointains et chez des peuples inconnus. Si les hommes que l'on nous peint sont plus heureux que nous, leur bonheur nous délasse; s'ils sont plus infortunés, leurs maux nous consolent.

Mais l'intérêt attaché au récit des voyages diminue chaque jour, à mesure que le nombre des voyageurs augmente; l'esprit philosophique a fait cesser les merveilles du désert:

Les bois désenchantés ont perdu leurs miracles (1).

Quand les premiers Français qui descendirent sur les rivages du Canada parlent de lacs semblables à des mers, de cataractes qui tombent du ciel, de forêts dont on ne peut sonder la profondeur, l'esprit est bien plus fortement ému que lorsqu'un marchand anglais ou un savant moderne vous apprend qu'il a pénétré jusqu'à l'océan Pacifique, et que la chute du Niagara n'a que cent quarante-quatre pieds de hauteur.

Ce que nous ga-

(1) FONTANES.

gnons en connaissance, nous le perdons en sentiment. Les vérités géométriques ont tué certaines vérités de l'imagination bien plus importantes à la morale qu'on ne pense. Quels étaient les premiers voyageurs dans la belle antiquité ? C'étaient les législateurs, les poëtes et les héros ; c'étaient Jacob, Lycurgue, Pythagore, Homère, Hercule, Alexandre : *dies peregrinationis* (1). Alors tout était prodige sans cesser d'être réalité, et les espérances de ces grandes âmes aimaient à dire : « Là-bas la terre inconnue ! la terre immense ! » *Terra ignota! terra immensa!* Nous avons naturellement la haine des bornes ; je dirais presque que le globe est trop petit pour l'homme, depuis qu'il en a fait le tour. Si la nuit est plus favorable que le jour à l'inspiration et aux vastes pensées, c'est qu'en cachant toutes les limites, elle prend l'air de l'immensité.

Les voyageurs français et les voyageurs anglais semblent, comme les guerriers de ces deux nations, s'être partagé l'empire de la terre et de l'onde. Les derniers n'ont rien à opposer aux Tavernier, aux Chardin, aux Parennin, aux Charlevoix ; ils n'ont point de monument tel que les *Lettres édifiantes* ; mais les premiers, à leur tour, n'ont point d'Anson, de Byron, de Cook, de Vancouver. Les voyageurs français ont plus fait pour la connaissance des mœurs et des coutumes des peuples : νόον ἔγνω, *mores cognovit* ; les voyageurs anglais ont été plus utiles aux progrès de la géographie universelle : ἐν πόντῳ πάθεν, *in mari passus est* (2). Ils partagent, avec les Espagnols et les Portugais, la gloire d'avoir ajouté de nouvelles mers et de nouveaux continents au globe, et d'avoir fixé les limites de la terre.

Les prodiges de la navigation sont peut-être ce qui donne une plus haute idée du génie de l'homme. On frissonne et on admire lorsqu'on voit Colomb s'enfonçant dans les solitudes d'un océan inconnu, Vasco de Gama doublant le cap des Tempêtes, Magellan sortant d'une vaste mer pour entrer dans une mer plus vaste encore, Cook voyant d'un pôle à l'autre, et, resserré de toutes parts par les rivages du globe, ne trouvant plus de mers pour ses vaisseaux !

Quel beau spectacle n'offre point cet illustre navigateur cherchant de nouvelles terres, non pour en opprimer les habitants, mais pour les secourir et les éclairer ; portant à de pauvres Sauvages, les nécessités de la vie ; jurant concorde et amitié, sur leurs rives charmantes, à ces simples enfants de la nature ; semant, parmi les glaces australes, les fruits d'un doux climat, et imitant ainsi la Providence, qui prévoit les naufrages et les besoins des hommes !

La mort n'ayant pas permis au capitaine Cook d'achever ses importantes découvertes, le capitaine Vancouver fut chargé, par le gouvernement anglais, de visiter toute la côte américaine depuis la Californie jusqu'à la rivière de Cook, et de lever les doutes qui pouvaient rester encore sur un passage au nord-ouest du Nouveau-Monde. Tandis que cet habile marin remplissait sa mission avec autant d'intelligence que de courage, un autre voyageur anglais, parti du Haut-Canada, s'avançait à travers les déserts et les forêts jusqu'à la mer Boréale et l'océan Pacifique. M. Mackenzie, dont je vais faire connaître les travaux, ne prétend ni à la gloire du savant ni à celle de l'écrivain. Simple trafiquant de pelleteries parmi les Indiens, il ne donne modestement son Voyage que pour le journal de sa route.

Le 15, le vent soufflait de l'ouest : nous fîmes quatre milles au sud, deux milles au sud-ouest, etc. Le fleuve était rapide ; nous eûmes un portage, nous vîmes des huttes abandonnées ; le pays était fertile ou aride ; nous traversâmes des plaines ou des montagnes ; il tomba de la neige ; mes gens étaient fatigués ; ils voulurent me quitter ; je fis une observation astronomique, etc., etc.

Tel est à peu près le style de M. Mackenzie. Quelquefois cependant il interrompt son journal pour décrire une scène de la nature, ou les mœurs des Sauvages ; mais il n'a pas toujours l'art de faire valoir ces petites circonstances si intéressantes dans

(1) *Genèse.* — (2) *Odyss.*

les récits de nos missionnaires. On connaît à peine les compagnons de ses fatigues ; point de transports en découvrant la mer, but si désiré de l'entreprise ; point de scènes attendrissantes lors du retour. En un mot, le lecteur n'est point embarqué dans le canot d'écorce avec le voyageur, et ne partage point avec lui ses craintes, ses espérances et ses périls.

Un plus grand défaut encore se fait sentir dans l'ouvrage ; il est malheureux qu'un simple journal de voyage manque de méthode et de clarté. M. Mackenzie expose confusément son sujet. Il n'apprend point au lecteur quel est ce fort *Chipiouyan* d'où il part ; où en étaient les découvertes lorsqu'il a commencé les siennes ; si l'endroit où il s'arrête à l'entrée de la mer Glaciale était une baie, ou simplement une expansion du fleuve, comme on est tenté de le soupçonner ; comment le voyageur est certain que cette grande rivière de l'ouest, qu'il appelle *Tacoutché-Tessé*, est la rivière de *Colombia*, puisqu'il ne l'a pas descendue jusqu'à son embouchure ; comment il se fait que la partie du cours de ce fleuve qu'il n'a pas visitée soit cependant marquée sur sa carte, etc.

Malgré ses nombreux défauts, le mérite du journal de M. Mackenzie est fort grand ; mais il a besoin de commentaires, soit pour donner une idée des déserts que le voyageur traverse, et colorer un peu la maigreur et la sécheresse de son récit, soit pour éclaircir quelques points de géographie. Je vais essayer de remplir cette tâche auprès du lecteur.

L'Espagne, l'Angleterre et la France doivent leurs possessions américaines à trois Italiens : *Colomb, Gabot* et *Vérazani*. Le génie de l'Italie, enseveli sous des ruines, comme les géants sous les monts qu'ils avaient entassés, semble se réveiller quelquefois pour étonner le monde. Ce fut vers l'an 1523 que François Ier donna ordre à *Jean Verazani* d'aller découvrir de nouvelles terres. Ce navigateur reconnut plus de six cents lieues de côtes le long de l'Amérique septentrionale, mais il ne fonda point de colonie.

Jacques Cartier, son successeur, visita tout le pays appelé *Kannata* par les Sauvages, c'est-à-dire amas de cabanes (1). Il remonta le grand fleuve qui reçut de lui le nom de *Saint-Laurent*, et s'avança jusqu'à l'île de *Montréal*, qu'on nommait alors *Hochelaga*.

M. de Roberval obtint, en 1540, la vice-royauté du Canada. Il y transporta plusieurs familles avec leur frère, que François Ier avait surnommé *le gendarme d'Annibal*, à cause de sa bravoure ; mais ayant fait naufrage en 1540, « avec eux tombèrent, dit « Charlevoix, toutes les espérances qu'on avait conçues de faire « un établissement en Amérique, personne n'osant se flatter d'être « plus habile ou plus heureux que ces deux braves hommes. »

Les troubles qui peu de temps après éclatèrent en France, et qui durèrent cinquante années, empêchèrent le gouvernement de porter ses regards au dehors. Le génie de Henri IV ayant étouffé les discordes civiles, on reprit avec ardeur le projet d'un établissement au Canada. Le marquis de La Roche s'embarqua en 1598, pour tenter de nouveau la fortune ; mais son expédition eut une fin désastreuse. M. Chauvin succéda à ses projets et à ses malheurs. Enfin, le commandeur de Chatte s'étant chargé, vers l'an 1603, de la même entreprise, en donna la direction à Samuel de Champlain, dont le nom rappelle le fondateur de Québec, et le père des colonies françaises dans l'Amérique septentrionale.

Depuis ce moment les jésuites furent chargés du soin de continuer les découvertes dans l'intérieur des forêts canadiennes. Alors commencèrent ces fameuses missions qui étendirent l'empire français des bords de l'Atlantique et des glaces de la baie d'Hudson aux rivages du golfe Mexicain. Le père *Biart* et le père *Enemond-Massé* parcoururent toute l'Acadie ; le père *Joseph* s'avança jusqu'au lac *Nipissing*, dans le nord du Canada ; les

(1) Les Espagnols avaient certainement découvert le Canada avant Jacques Cartier et Verazani, et quelques auteurs prétendent que le nom CANADA vient des deux mots espagnols ACA, NADA.

pères *de Brébeuf* et *Daniel* visitèrent les magnifiques déserts des Hurons, entre le lac de ce nom, le lac Michigan et le lac Érié; le père *de Lamberville* fit connaître le lac Ontario et les cinq cantons iroquois. Attirés par l'espoir du martyre et par le récit des souffrances qu'enduraient leurs compagnons, d'autres ouvriers évangéliques arrivèrent de toutes parts, et se répandirent dans toutes les solitudes. « On les envoyait, dit l'historien de la Nou-
« velle-France, et ils allaient avec joie...; ils accomplissaient
« la promesse du Sauveur du monde, de faire annoncer son
« Évangile par toute la terre. »

La découverte de l'*Ohio* et du *Meschacebé* à l'occident, du *lac Supérieur* et du *lac des Bois* au nord-ouest, du fleuve *Bourbon* et de la côte intérieure de la baie de *James* au nord, fut le résultat de ces courses apostoliques. Les missionnaires eurent même connaissance de ces *montagnes Rocheuses* (1), que M. Mackenzie a franchies pour se rendre à l'océan Pacifique, et du grand fleuve qui devait couler à l'ouest : c'est le fleuve Colombia. Il suffit de jeter les yeux sur les anciennes cartes des jésuites, pour se convaincre que je n'avance ici que la vérité.

Toutes les grandes découvertes étaient donc faites ou indiquées dans l'intérieur de l'Amérique septentrionale lorsque les Anglais sont devenus les maîtres du Canada. En imposant de nouveaux noms aux lacs, aux montagnes, aux fleuves et aux rivières, ou en corrompant les anciens noms français, ils n'ont fait que jeter du désordre dans la géographie. Il n'est pas même bien prouvé que les latitudes et les longitudes qu'ils ont données à certains lieux soient plus exactes que les latitudes et les longitudes fixées par nos savants missionnaires (2). Pour se faire une idée nette du point de départ et des voyages de M. Mackensie, voici donc peut-être ce qu'il est essentiel d'observer.

Les missionnaires français et les coureurs canadiens avaient poussé les découvertes jusqu'au lac *Ouinipic* ou *Ouinipigon* (3), à l'ouest, et jusqu'au lac des *Assiniboïls* ou *Cristinaux*, au nord. Le premier semble être le lac de *l'Esclave* de M. Mackenzie.

La société anglo-canadienne, qui fait le commerce des pelleteries, a établi une factorerie au Chipiouyan (4), sur un lac appelé le *lac des Montagnes*, et qui communique au lac de l'Esclave par une rivière.

Du lac de l'Esclave sort un fleuve qui coule au nord, et que M. Mackenzie a nommé de son nom. Le fleuve Mackenzie se jette dans la mer du pôle par 69° 14' de latitude septentrionale, et les 135° de longitude ouest, méridien de Greenwich.

La découverte de ce fleuve et sa navigation jusqu'à l'océan Boréal sont l'objet du premier voyage de M. Mackenzie. Parti du fort Chipiouyan le 3 du juin 1789, il est de retour à ce fort le 12 de septembre de la même année.

Le 10 d'octobre 1792, il part une seconde fois du fort Chipiouyan pour faire un nouveau voyage. Dirigeant sa course à l'ouest, il traverse le lac des Montagnes, et remonte une rivière appelée *Oungigah*, ou la rivière de la Paix. Cette rivière prend sa source dans les montagnes Rocheuses. Un grand fleuve, descendant du revers de ces montagnes, coule à l'ouest, et va se perdre dans l'océan Pacifique. Ce fleuve s'appelle *Tacoutché-Tessé*, ou la rivière de Colombia.

La connaissance du passage de la rivière de la Paix dans celle de Colombia, la facilité de la navigation de cette dernière, du moins jusqu'à l'endroit où M. Mackenzie abandonna son canot pour se rendre par terre à l'océan Pacifique : telles sont les découvertes qui résultent de la seconde expédition du voyageur.

---

(1) Ils les appellent les montagnes des Pierres brillantes.
(2) M. Arrowsmith est à présent le géographe le plus célèbre en Angleterre : si l'on prend sa grande carte des États-Unis, et qu'on la compare aux dernières cartes d'Imlay, on y trouvera une prodigieuse différence, surtout dans la partie qui s'étend entre le lac du Canada et l'Ohio; les cartes des missionnaires, au contraire, se rapprochent beaucoup des cartes d'Imlay.
(3) Les cartes françaises le placent au 50° degré de latitude nord, et les cartes anglaises au 53°.
(4) 58° 40' latitude nord, et 10° 30' longitude ouest, méridien de Greenwich.

Après une absence de onze mois, il revint au lieu de son départ.

Il faut observer que la rivière de la Paix, sortant des montagnes Rocheuses pour se jeter dans un bras du lac des Montagnes; que le lac des Montagnes communiquant au lac de l'Esclave par une rivière qui porte ce dernier nom; que le lac de l'Esclave, à son tour, versant ses eaux dans l'océan Boréal par le fleuve Mackenzie, il en résulte que la rivière de la Paix, la rivière de l'Esclave et le fleuve Mackenzie, ne sont réellement qu'un seul fleuve qui sort des montagnes Rocheuses à l'ouest, et se précipite au nord dans la mer du pôle. Partons maintenant avec le voyageur, et descendons avec lui le fleuve Mackenzie jusqu'à cette mer hyperborée.

« Le mercredi 3 juin 1789, à neuf heures du matin, je partis
« du fort Chipiouyan, situé sur la côte méridionale du lac des
« Montagnes. J'étais embarqué dans un canot d'écorce de bou-
« leau, et j'avais pour conducteur un Allemand et quatre Ca-
« nadiens, dont deux étaient accompagnés de leurs femmes.
« Un Indien, qui portait le titre de chef anglais, me suivait
« dans un petit canot avec ses deux femmes; et deux autres
« jeunes Indiens, ses compagnons, étaient dans un autre petit
« canot. Les Sauvages s'étaient engagés à me servir d'interprètes
« et de chasseurs. Le premier avait autrefois accompagné le chef
« qui conduisit M. Hearne à la rivière des Mines de cuivre. »

M. Mackenzie traverse le lac des Montagnes, entre dans la rivière de l'Esclave, qui le conduit au lac du même nom, côtoie le rivage septentrional de ce lac, et découvre enfin le fleuve Mackenzie.

« Le cours du fleuve prend une direction à l'ouest, et dans
« un espace de vingt-quatre milles; son lit se rétrécit graduelle-
« ment, et finit par n'avoir qu'un demi-mille de large.
« Depuis le lac jusque-là, les terres du côté du nord sont
« basses et couvertes d'arbres; le côté du sud est plus élevé,
« mais il y a aussi beaucoup de bois..... Nous y vîmes beaucoup
« d'arbres renversés et noircis par le feu, au milieu desquels
« s'élevaient de jeunes peupliers qui avaient poussé depuis l'in-
« cendie. Une chose très-digne de remarque, c'est que lorsque
« le feu dévore une forêt de sapins et de bouleaux, il y croît des
« peupliers, quoique auparavant il n'y eût dans la même en-
« droit aucun arbre de cette espèce. »

Les naturalistes pourront contester l'exactitude de cette observation à M. Mackenzie, car en Europe tout ce qui dérange nos systèmes est traité d'ignorance ou de rêve de l'imagination; mais ce que les savants ne peuvent nier, et ce que tout l'art ne saurait peindre, c'est la beauté du cours des eaux dans les solitudes du Nouveau-Monde. Qu'on se représente un fleuve immense, coulant au travers des plus épaisses forêts; qu'on se figure tous les accidents des arbres qui accompagnent ses rives : des chênes-saules, tombés de vieillesse, baignent dans les flots leurs têtes chenue; des pins d'occident se mirent dans l'onde avec les écureuils noirs, et les hermines blanches, qui grimpent sur leurs troncs, ou se jouent dans leurs lianes; des sycomores du Canada se réunissent en groupe; des peupliers de la Virginie croissent solitaires, ou s'allongent en mobile avenue. Tantôt une rivière, accourant du fond du désert, vient former avec le fleuve, au carrefour d'une pompeuse futaie, un confluent magnifique; tantôt une cataracte bruyante tapisse le flanc des monts de ses voiles d'azur. Les rivages fuient, serpentent, s'élargissent, se resserrent : ici ce sont des rochers qui surplombent; là de jeunes ombrages dont la cime est nivelée, comme la plaine qui les nourrit. De toutes parts régnent des murmures indéfinissables : il y a des grenouilles qui mugissent comme des taureaux (1); il y en a d'autres qui vivent dans le tronc des vieux saules (2), et dont le cri répété ressemble tour à tour au tintement de la sonnette d'une brebis et à l'aboiement d'un chien (3); le voyageur,

---

(1) Bull-Frog. — (2) Tree-Frog. — (3) « Elles font leurs petits dans les « souches d'arbres à moitié pourris.... elles ne coassent pas comme celles « d'Europe, mais pendant la nuit elles aboient comme des chiens. » (Le père Du Tertre, *Hist. naturelle des Antilles*, tom. III.)

agréablement trompé dans ces lieux sauvages, croit approcher de la chaumière d'un laboureur, et entendre les murmures et la marche d'un troupeau..... Enfin de vastes harmonies élevées tout à coup par les vents, remplissent la profondeur des bois, comme le chœur universel des Hamadryades; mais bientôt ces concerts s'affaiblissent et meurent graduellement dans la cime de tous les cèdres et de tous les roseaux, de sorte que vous ne sauriez dire le moment même où les bruits se perdent dans le silence, s'ils durent encore, ou s'ils ne sont plus que dans votre imagination.

M. Mackenzie, continuant à descendre le fleuve, rencontre bientôt des Sauvages de la tribu des Indiens-Esclaves. Ceux-ci lui apprennent qu'il trouvera plus bas, sur le cours des eaux, d'autres Indiens appelés Indiens-Lièvres; et enfin plus bas encore, en approchant de la mer, la nation des Esquimaux.

« Pendant le peu de temps que nous restâmes avec cette pe« tite peuplade, les naturels cherchèrent à nous amuser en dan« sant au son de leurs voix..... Ils sautaient, et prenaient di« verses postures..... Les femmes laissaient pendre leurs bras, « comme si elles n'avaient pas eu la force de les remuer. »

Les chants et les danses des Sauvages ont toujours quelque chose de mélancolique ou de voluptueux. « Les uns jouent de la « flûte, dit le père du Tertre, les autres chantent, et forment « une espèce de musique qui a bien de la douceur, à leur goût.»

Selon Lucrèce, on cherchait à rendre avec la voix le gazouillement des oiseaux, longtemps avant que de doux vers, accompagnés de la lyre, charmassent l'oreille des hommes.

Atque liquidas avium voces imitatore
Ante fuit multo quam lævia carmina cantu
Concelebrare homines possent, auresque juvare.

Quelquefois vous voyez une pauvre Indienne dont le corps est tout courbé par l'excès du travail et de la fatigue, et un chasseur qui ne respire que la gaieté. S'ils viennent à danser ensemble, vous êtes frappé d'un contraste étonnant : la première se redresse et se balance avec une mollesse inattendue; le second fait entendre les chants les plus tristes. La jeune femme semble vouloir imiter les ondulations gracieuses des bouleaux de son désert, et le jeune homme, les murmures plaintifs qui s'échappent de leurs cimes.

Lorsque les danses sont exécutées au bord d'un fleuve, dans la profondeur des bois; que des échos inconnus répètent pour la première fois les soupirs d'une voix humaine; que l'ours des déserts regarde du haut de son rocher ces jeux de l'homme sauvage, on ne peut s'empêcher de trouver quelque chose de grand dans la rudesse même du tableau, de s'attendrir sur la destinée de cet enfant de la nature, qui naît inconnu du monde, danse un moment dans des vallées où il ne repassera jamais, et bientôt cache sa tombe sous la mousse de ces déserts, qui n'a pas même gardé l'empreinte de ses pas : *Fuissem quasi non essem* (1)!

En passant sous des montagnes stériles, le voyageur aborde au rivage, et gravit des roches escarpées avec un de ses chasseurs indiens.

« Mais, dit-il, nous n'étions pas à moitié chemin du sommet, « que nous fûmes assaillis par une si grande quantité de marin« gouins, que nous ne pûmes pas aller plus loin. Je remarquai « que la chaîne des monts se terminait en cet endroit. »

Quatre chaînes de montagnes forment les quatre grandes divisions de l'Amérique septentrionale.

La première, partant du Mexique, et n'étant que le prolongement de la chaîne des Andes, qui traverse l'isthme de Panama, s'étend du midi au nord, le long de la grande mer du Sud, en s'abaissant toujours jusqu'à la rivière de Cook : M. Makenzie l'a franchie, sous le nom de *montagnes Rocheuses*, entre la source de la rivière de la Paix et de la rivière Colombia, en se rendant à l'océan Pacifique.

La seconde chaîne commence aux Apalaches, sur le bord

(1) Jos.

oriental du Meschacébé, se prolonge au nord-est, sous les divers noms d'*Alleganys*, de *montagnes Bleues*, de *montagnes des Lauriers*, derrière les Florides, la Virginie, la Nouvelle-Angleterre, et va par l'intérieur de l'Acadie aboutir au golfe Saint-Laurent. Elle divise les eaux qui tombent dans l'Atlantique de celles qui grossissent le Meschacébé, l'Ohio et les lacs du Canada inférieur.

Il est à croire que cette chaîne bordait autrefois l'Atlantique, et lui servait de barrière, comme la première chaîne borde encore l'océan Indien. Vraisemblablement l'ancien continent de l'Amérique ne commençait que derrière ces montagnes. Du moins les trois différents niveaux de terrain, marqués si régulièrement depuis les plaines de la Pensylvanie jusqu'aux savanes des Florides, semblent indiquer que ce sol fût à différentes époques couvert et puis abandonné par les eaux.

Vis-à-vis le rivage du golfe Saint-Laurent (où, comme je l'ai dit, cette seconde chaîne vient se terminer), s'élève, sur la côte du Labrador, une troisième chaîne presque aussi longue que les deux autres réunies. Elle court d'abord au sud-ouest jusqu'à l'Outaonas, en formant la double source des fleuves qui se précipitent dans la baie d'Hudson, et de ceux qui portent le tribut de leurs ondes au golfe Saint-Laurent. De là, tournant au nord-ouest, et longeant la côte septentrionale du lac Supérieur, elle arrive au lac Saint-Anne, où elle forme une fourche sud-ouest et nord-ouest.

Son bras méridional passe au sud du grand lac Ouinipic, entre les marais qui fournissent la rivière d'Albaine, à la baie de James, et les fontaines d'où sort le Meschacébé, pour se rendre au golfe Mexicain.

Son bras septentrional rasant le lac du Cygne, la factorerie d'Onasburgk, et traversant la rivière de Severn, atteint le fleuve du port Nelson en passant au nord du lac Ouinipic, et vient se nouer enfin à la quatrième chaîne des montagnes.

Celle-ci, moins étendue que toutes les autres, prend naissance vers les bords de la rivière Susfcatchiouayne, se déploie au nord-est entre la rivière de l'Élan et la rivière Churchill, s'allonge au nord jusque vers le 57° degré de latitude, se partage en deux branches, dont l'une, continuant à remonter au septentrion, atteint les côtes de la mer Glaciale, tandis que l'autre, courant à l'ouest, rencontre le fleuve Mackenzie. Les neiges éternelles dont ces montagnes sont couronnées, nourrissent d'un côté les rivières qui descendent dans le nord de la baie d'Hudson, et de l'autre celles qui s'engloutissent dans l'océan Boréal.

Ce fut une des cimes de cette dernière chaîne que M. Mackenzie voulut gravir avec son chasseur. Ceux qui n'ont vu que les Alpes et les Pyrénées ne peuvent se former une idée de l'aspect de ces solitudes hyperboréennes, de ces régions désolées, où l'on voit, comme après le déluge, « *de rares animaux errer sur des mon-* « *tagnes inconnues :* »

Rara per ignotos errant animalia montes.

Des nuages, ou plutôt des brouillards humides, fument sans cesse autour des sommets de ces monts déserts. Quelques rochers battus par des pluies éternelles percent de leurs flancs noircis ces vapeurs blanchâtres, et ressemblent par leurs formes et leur immobilité à des fantômes qui se regardent dans un affreux silence.

Entre les gorges de ces montagnes on aperçoit de profondes vallées de granit, revêtues de mousse où coule quelque torrent. Des pins rachitiques, de l'espèce appelée *spruce* par les Anglais, et de petits étangs d'eau saumâtre, loin de varier la monotonie du tableau, en augmentent l'uniformité et la tristesse. Ces lieux ne retentissent que du cri extraordinaire de l'oiseau des terres boréales. De beaux cygnes qui nagent sur ces eaux sauvages, des bouquets de framboisiers qui croissent à l'abri d'un roc, sont là comme pour consoler le voyageur, et l'empêcher d'oublier cette Providence qui sait répandre des grâces et des parfums jusque sur ces affreuses contrées.

Mais la scène ne se montre dans toute son horreur qu'au bord même de l'Océan. D'un côté s'étendent de vastes champs de glaces contre lesquels se brise une mer décolorée, où jamais n'apparut une voile ; de l'autre s'élève une terre bordée de mornes stériles. Le long des grèves on ne voit qu'une triste succession de baies dévastées et de promontoires orageux. Le soir, le voyageur se réfugie dans quelque trou de rocher, dont il chasse l'aigle marin, qui s'envole avec de grands cris. Toute la nuit il écoute avec effroi le bruit des vents que répètent les échos de sa caverne, et les gémissements des glaces qui se fendent sur la rive.

M. Mackenzie arriva au bord de l'océan Boréal le 12 juillet 1789, ou plutôt dans une baie glacée, où il aperçut des baleines, et où le flux et le reflux se faisaient sentir. Il débarqua sur une île, dont il détermina la latitude au 69° 14' nord ; ce fut le terme de son premier voyage. Les glaces, le manque de vivres, et le découragement de ses gens, ne lui permirent pas de descendre jusqu'à la mer, dont il était sans doute fort éloigné. Depuis longtemps le soleil ne se couchait plus pour le voyageur, et il voyait cet astre pâle et élargi tourner tristement autour d'un ciel glacé.

> Miserable they
> Who, he entangled in the gath'ring ice
> Take their last look of the descending sun!
> While, full of death, and fierce with tenfold frost,
> The ong, long night, in cumbent o'er their head,
> Falls horrible (1).

« Malheureux celui qui, embarrassé dans les glaces croissantes, suit de ses derniers regards le soleil qui s'enfonce sous « l'horizon, tandis que, pleine de frimas et pleine de mort, la « longue, longue nuit, qui pendait sur sa tête, descend horrible ! »

En quittant la baie pour remonter le fleuve et retourner au fort Chipiouyan, M. Mackenzie dépasse quatre établissements indiens, qui semblaient avoir été récemment habités.

« Nous abordâmes, dit le voyageur, une petite île ronde très-rap-« prochée de la rive orientale, et qui, sans doute, avait quelque « chose de sacré pour les Indiens, puisque l'endroit le plus élevé « contenait un grand nombre de tombeaux. Nous y vîmes un « petit canot, des gamelles, des baquets, et d'autres ustensiles « qui avaient appartenu à ceux qui ne pouvaient plus s'en servir ; « car dans ces contrées, ce sont les offrandes accoutumées que « reçoivent les morts. »

M. Mackenzie parle souvent de la religion de ces peuples et de leur vénération pour les tombeaux. Un malheureux Sauvage bénit Dieu sur les glaces du pôle, et tire de sa propre misère des espérances d'une autre vie, tandis que l'homme civilisé renie son âme et son Créateur sous un ciel clément, et au milieu de tous les dons de la Providence.

Ainsi, nous avons vu les habitants de ces contrées danser à la source du fleuve dont le voyageur nous a tracé le cours, et nous trouvons maintenant leurs tombeaux près de la mer, à l'embouchure de ce même fleuve, emblème frappant du cours de nos années, depuis les fontaines de leur enfance, où se plonge notre enfance, jusqu'à cet océan de l'éternité qui nous engloutit. Ces cimetières indiens, répandus dans les forêts américaines, sont des espèces de clairières, ou de petits massifs dépouillés de leurs bois. Le sol en est tout hérissé de monticules de forme conique ; et des carcasses de buffles et d'orignaux, ensevelies sous l'herbe, s'y mêlent çà et là à des squelettes humains. J'ai quelquefois vu dans ces lieux un pélican solitaire perché sur un ossement blanchi et à moitié rongé de mousse, semblable, par son silence et son attitude pensive, à un vieux Sauvage pleurant et méditant sur ces débris. Les coureurs de bois, qui font le commerce de pelleteries, profitent de ces terrains à demi défrichés par la mort, pour y semer en passant différentes sortes de graines. Le voyageur rencontre tout à coup ces colonies de végétaux européens, avec leur port, leur costume étranger, leurs mœurs domestiques, au milieu des plantes natives et sauvages de ce climat lointain. Elles émigrent souvent le long des collines, et se répandent à travers les bois, selon les habitudes et les amours qu'elles ont apportées de leur sol natal. C'est ainsi que des familles exilées choisissent de préférence dans le désert les sites qui leur rappellent la patrie.

Le 12 de septembre 1789, après une absence de cent deux jours, M. Mackenzie se trouve enfin au fort Chipiouyan. Je vais maintenant rendre compte de son voyage à l'océan Pacifique, montrer ce que les sciences et le commerce ont gagné aux découvertes de ce courageux voyageur, et ce qui reste à faire pour compléter la géographie de l'Amérique septentrionale.

J'ai déjà fait observer que la rivière de la Paix, la rivière de l'Esclave et le fleuve Mackenzie ne sont qu'un seul et même fleuve qui prend sa source dans les montagnes Rocheuses, à l'ouest, et se jette, au nord, dans les mers du pôle. C'est en descendant ce fleuve que M. Mackenzie a découvert l'océan Boréal, et c'est en le remontant qu'il est arrivé à l'océan Pacifique.

Le 10 d'octobre 1792, trois ans après son premier voyage, M. Mackenzie part une seconde fois du fort Chipiouyan, traverse le lac des Montagnes, et gagne la rivière de la Paix. Il en refoule les eaux pendant vingt journées, et arrive le 1er de novembre dans un endroit où il se propose de bâtir une maison, et de passer l'hiver. Il emploie toute la saison des glaces à faire le commerce avec les Indiens, et à prendre des renseignements sur son voyage.

« Parmi les Sauvages qui vinrent me visiter, étaient deux In-« diens des montagnes Rocheuses... Ils prétendirent qu'ils étaient « les vrais et seuls indigènes du pays qu'ils habitaient, ajoutant « que celui qui s'étendait de là jusqu'aux montagnes offrait par-« tout, ainsi que le haut de la rivière de la Paix, le même aspect « que les environs de ma résidence ; que le pays était rempli « d'animaux, mais que la navigation de la rivière était inter-« rompue près des montagnes et dans les montagnes même, par « des écueils multipliés et de grandes cascades.

« Ces Indiens m'apprirent aussi qu'on trouvait du côté du midi « une autre grande rivière qui courait vers le sud, et sur les bords « de laquelle on pouvait se rendre en peu de temps, en traver-« sant les montagnes.

« Le 20 avril (1793), la rivière était encore couverte de glaces. « Sur l'autre rive, on voyait des plaines charmantes ; les arbres « bourgeonnaient, et plusieurs plantes commençaient à fleurir. »

Ce qu'on appelle le *grand dégel*, dans l'Amérique septentrionale, offre aux yeux d'un Européen un spectacle non moins pompeux qu'extraordinaire... Dans les premiers quinze jours du mois d'avril, les nuages, qui jusque-là venaient rapidement du nord-ouest, s'arrêtent peu à peu dans les cieux, et flottent quelque temps incertains de leur course. Le colon sort de sa cabane et va sur ses défrichements examiner le désert. Bientôt on entend un cri : *Voilà la brise du sud-est!* A l'instant un vent tiède tombe sur vos mains et sur votre visage, et les nuages commencent à refluer lentement vers le septentrion. Alors tout change dans les bois et dans les vallées. Les angles moussus des rochers se montrent les premiers sur l'uniforme blancheur des frimas, les flèches rougeâtres des sapins apparaissent ensuite, et de précoces arbrisseaux remplacent, par des festons de fleurs, les cristaux glacés qui pendent à leur cime.

La nature, aux approches du soleil, entr'ouvre par degrés son voile de neige. Les poètes américains pourront un jour la comparer à une épouse nouvelle, qui dépouille timidement et comme à regret sa robe virginale, décelant en partie et essayant encore de cacher ses charmes à son époux.

C'est alors que les Sauvages dont M. Mackenzie allait visiter les déserts sortent avec joie de leurs cavernes. Comme les oiseaux de leurs climats, l'hiver les rassemble en troupe, et le printemps les disperse : chaque couple retourne à son bois solitaire, pour bâtir son nouveau nid et chanter ses nouvelles amours.

Cette saison, qui met tout en mouvement dans les forêts américaines, donne le signal du départ à notre voyageur. Le jeudi 9 mai 1793, M. Mackenzie s'embarque dans un canot d'écorce avec sept Canadiens et deux chasseurs sauvages. Si des bords de

---

(1) Thoms. *Winter.*

la rivière de la Paix il avait pu voir alors ce qui se passait en Europe chez une grande nation civilisée, la hutte de l'Esquimau lui eût semblé préférable au palais des rois, et la solitude au commerce des hommes.

Le traducteur du voyage de M. Mackenzie observe que les compagnons du marchand anglais, un seul excepté, étaient tous d'origine française. Les Français s'habituent facilement à la vie sauvage, et sont fort aimés des Indiens.

Lorsqu'en 1729 le Canada tomba entre les mains des Anglais, les naturels s'aperçurent bientôt du changement de leurs hôtes.

« Les Anglais, dit le père Charlevoix, dans le peu de temps
« qu'ils furent maîtres du pays, ne surent pas gagner l'affection
« des Sauvages : les Hurons ne parurent point à Québec ; les
« autres, plus voisins de cette capitale, et dont plusieurs, pour
« des mécontentements particuliers, s'étaient ouvertement dé-
« clarés contre nous à l'approche de l'escadre anglaise, s'y mon-
« trèrent même assez rarement. Tous s'étaient trouvés un peu
« déconcertés, lorsque ayant voulu prendre avec ces nouveaux
« venus les mêmes libertés que les Français ne faisaient aucune
« difficulté de leur permettre, ils s'aperçurent que ces manières
« ne leur plaisaient pas.

« Ce fut bien pis encore au bout de quelque temps, lorsqu'ils
« se virent chassés à coups de bâton des maisons, où jusque-là
« ils étaient entrés aussi librement que dans leurs cabanes. Ils
« prirent donc le parti de s'éloigner ; et rien ne les a, dans la
« suite, attachés plus fortement à nos intérêts que cette diffé-
« rence de manières et de caractère des deux peuples qu'ils ont
« vus s'établir dans leur voisinage. Les missionnaires, qui furent
« bientôt instruits de l'impression qu'elle avait déjà faite sur eux,
« surent bien en profiter pour les gagner à Jésus-Christ, et pour
« les affectionner à la nation française. »

Les Français ne cherchent point à civiliser les Sauvages, cela coûte trop de soins ; ils aiment mieux se faire Sauvages eux-mêmes. Les forêts n'ont point de chasseurs plus adroits, de guerriers plus intrépides. On les a vus supporter les tourments du bûcher avec une constance qui étonnait jusqu'aux Iroquois, et malheureusement devenir quelquefois aussi barbares que leurs bourreaux. Serait-ce que les extrémités du cercle se rapprochent, et que le dernier degré de la civilisation, comme la perfection de l'art, touche de près la nature ? ou plutôt est-ce une sorte de talent universel ou de mobilité de mœurs qui rend le Français propre à tous les climats et à tous les genres de vie ? Quoi qu'il en soit, le Français et le Sauvage ont la même bravoure, la même indifférence pour la vie, la même imprévoyance du lendemain, la même haine du travail, la même facilité à se dégoûter des biens qu'ils possèdent, la même constance en amitié, la même légèreté en amour, le même goût pour la danse et pour la guerre, pour les fatigues de la chasse et les loisirs du festin. Ces rapports d'humeur entre le Français et le Sauvage leur donnent un grand penchant l'un pour l'autre, et font aisément de l'habitant de Paris un *coureur de bois* canadien.

M. Mackenzie remonte la rivière de la Paix avec ces Français-Sauvages, et décrit la beauté de la nature autour de lui :

« De l'endroit d'où nous étions partis le matin, jusque-là, la
« rive occidentale présente le plus beau paysage que j'aie vu. Le
« terrain s'élève par gradins à une hauteur considérable, et
« s'étend à une très-grande distance. A chaque gradin on voit de
« petits espaces doucement inclinés, et ces espaces sont entre-
« coupés de rochers perpendiculaires qui s'élèvent jusqu'au der-
« nier sommet, ou du moins aussi loin que l'œil peut le distin-
« guer. Ce spectacle magnifique est décoré de toutes les espèces
« d'arbres, et peuplé de tous les genres d'animaux que puisse
« produire le pays. Les bouquets de peupliers varient la scène,
« et dans les intervalles paissent de nombreux troupeaux de buffles
« et d'élans. Ces derniers cherchent toujours les hauteurs et les
« sites escarpés, tandis que les autres préfèrent les plaines.

« Lorsque je traversai ce canton, les femelles des buffles étaient
« suivies par leurs petits, qui bondissaient autour d'elles, et les
« femelles d'élans ne devaient pas tarder à avoir des fions. Toute
« la campagne se parait de la plus riche verdure ; les arbres qui
« fleurissent étaient prêts à s'épanouir, et le velouté de leurs
« branches, réfléchissant le soir et le matin les rayons obliques
« de l'astre du jour ajoutait à ce spectacle une magnificence que
« nos expressions ne peuvent rendre. »

Ces paysages en amphithéâtre sont assez communs en Amérique. Aux environs d'Apalachucla, dans les Florides, le terrain, à partir du fleuve Chata-Uche, s'élève graduellement, et monte dans les airs en se retirant à l'horizon ; mais ce n'est pas par une inclinaison ordinaire, comme celle d'une vallée ; c'est par des terrasses posées régulièrement les unes au-dessus des autres, comme les jardins artificiels de quelque puissant potentat. Ces terrasses sont plantées d'arbres divers et arrosées d'une multitude de fontaines, dont les eaux, exposées au soleil levant, brillent parmi les gazons, ou ruissellent en filets d'or le long des roches moussues. Des blocs de granit surmontent cette vaste structure, et sont eux-mêmes dominés par de grands sapins. Lorsque du bord de la rivière vous découvrez cette superbe échelle et la cime des rochers qui la couronnent au-dessus des nuages, vous croiriez voir le sommet des colonnes du temple de la nature, et le magnifique perron qui y conduit.

Le voyageur arrive au pied des montagnes Rocheuses, et s'engage dans leurs détours. Les obstacles et les périls se multiplient ; là on est obligé de porter les bagages par terre, pour éviter des cataractes et des *rapides* ; ici on refoule l'impétuosité du courant, en halant péniblement le canot avec une cordelle.

Il faut entendre M. Mackenzie lui-même :

« Quand le canot fut rechargé, moi et ceux de mes gens qui
« n'avaient pas besoin d'y rester, nous suivîmes le bord de la
« rivière..... J'étais si élevé au-dessus de l'eau, que les hommes
« qui conduisaient le canot et doublaient une pointe ne purent
« pas m'entendre lorsque je leur criai de toute ma force de mettre
« à terre une partie de la cargaison, pour alléger le canot.

« Je ne pus alors m'empêcher d'éprouver beaucoup d'anxiété
« en voyant combien mon entreprise était hasardeuse. La rupture
« de la cordelle, ou un faux pas de ceux qui la tiraient, aurait
« fait perdre le canot et tout ce qui était dedans. Il franchit
« l'écueil sans accident ; mais il fut bientôt exposé à de nouveaux
« périls. Des pierres, les unes grosses, les autres petites, rou-
« laient sans cesse du haut des rochers, de sorte que ceux qui
« halaient le canot au-dessous couraient le plus grand risque
« d'être écrasés ; en outre, la pente du terrain les exposait à
« tomber dans l'eau à chaque pas. En les voyant, je tremblais ; et
« quand je les perdais de vue, mon inquiétude ne me quittait pas. »

Tout le passage de M. Mackenzie à travers les montagnes Rocheuses est d'un grand intérêt. Tantôt, pour se frayer un chemin, il est forcé d'abattre des forêts, et de tailler des marches dans les hautes falaises ; tantôt il saute de rochers en rochers au péril de ses jours, et reçoit l'un après l'autre ses compagnons sur ses épaules. La cordelle se rompt, le canot heurte des écueils ; les Canadiens se découragent, et refusent d'aller plus loin. En vain M. Mackenzie s'égare dans le désert pour découvrir le passage au fleuve de l'ouest ; quelques coups de fusil, qu'il entend avec effroi retentir dans ces lieux solitaires, lui font supposer l'approche des Sauvages ennemis. Il monte sur un grand arbre ; mais il n'aperçoit que des monts couronnés de neige, au milieu de laquelle il distingue quelques bouleaux flétris, et au-dessous des bois qui se prolongent sans fin.

Rien n'est triste comme l'aspect de ces bois, vus du sommet des montagnes, dans le Nouveau-Monde. Les vallées que vous avez traversées, et que vous dominez de toutes parts, apparaissent au-dessous de vous régulièrement ondées, comme les houles de la mer après une tempête. Elles semblent diminuer de largeur à mesure qu'elles s'éloignent. Les plus voisines de votre œil sont d'un vert roussâtre ; celles qui suivent prennent une légère teinte d'azur ; et les dernières forment des zones parallèles d'un bleu céleste.

M. Mackenzie descend de son arbre, et cherche à rejoindre ses compagnons. Il ne voit point le canot au bord de la rivière : il tire des coups de fusil, mais on ne répond point à son signal. Il va, revient, monte et descend le long du fleuve. Il retrouve enfin ses amis; mais ce n'est qu'après vingt-quatre heures d'angoisses et de mortelles inquiétudes. Il ne tarde pas à rencontrer quelques Sauvages. Interrogés par le voyageur, ils feignent d'abord d'ignorer l'existence du fleuve de l'ouest ; mais un vieillard, bientôt gagné par les caresses et les présents de M. Mackenzie, lui dit, en montrant de la main le haut de la rivière de la Paix :

« Il ne faut traverser que trois petits lacs et autant de portages « pour atteindre à une petite rivière qui se jette dans la grande. »

Qu'on juge des transports du voyageur à cette heureuse nouvelle! Il se hâte de se rembarquer avec un Indien, qui consent à lui servir de guide jusqu'au fleuve inconnu. Bientôt il quitte la rivière de la Paix, entre dans une autre petite rivière qui sort d'un lac voisin, traverse ce lac, et de lacs en lacs, de rivières en rivières, après un naufrage et divers accidents, il se trouve enfin, le 18 de juin 1793, sur le Tacoutché-Tessé, ou le fleuve Colombia, qui porte ses eaux à l'océan Pacifique.

Entre deux chaînes de montagnes s'étend une superbe vallée qu'ombragent des forêts de peupliers, de cèdres et de bouleaux. Au-dessus de ces forêts montent des colonnes de fumée qui décèlent au voyageur les invisibles habitants de ces déserts. Des argiles rouges et blanches, placées dans l'escarpement des montagnes, imitent çà et là des ruines d'anciens châteaux. Le fleuve Colombia serpente au milieu de ces belles retraites ; et, sur les îles nombreuses qui divisent son cours, on voit de grandes cabanes à moitié cachées dans des bocages de pins, où les naturels viennent passer les jours de l'été.

Quelques Sauvages s'étant montrés sur la rive, le voyageur s'en approcha, et parvint à tirer d'eux quelques renseignements utiles.

« La rivière, dont le cours est très-étendu, lui dirent les in-
« digènes, va vers le soleil du midi ; et, selon ce que nous avons
« appris, des hommes blancs bâtissent des maisons à son em-
« bouchure. Les eaux coulent avec une force toujours égale ;
« mais il y a trois endroits où les cascades et les courants extrê-
« mement rapides en interceptent la navigation. Dans les trois
« endroits, les eaux se précipitent par-dessus des rochers perpen-
« diculaires, beaucoup plus hauts et plus escarpés que dans le
« haut de la rivière ; mais, indépendamment des difficultés et
« des dangers de la navigation, il faut combattre les divers habi-
« tants de ces contrées, qui sont très-nombreux. »

Ces détails jetèrent M. Mackenzie dans une grande perplexité, et découragèrent de nouveau ses compagnons. Il cacha le mieux qu'il put son inquiétude, et suivit encore pendant quelque temps le cours des eaux. Il rencontra d'autres indigènes qui lui confirmèrent le récit des premiers, mais qui lui dirent que s'il voulait quitter le fleuve, et marcher droit au couchant à travers les bois, il arriverait en peu de jours à la mer par un chemin fort aisé, et fort connu des Sauvages.

M. Mackenzie se détermine à prendre aussitôt cette nouvelle route. Il remonte le fleuve jusqu'à l'embouchure d'une petite rivière qu'on lui avait indiquée, et, laissant là son canot, il s'enfonce dans les bois, sur la foi d'un Sauvage qui lui servait de guide, et qui, au moindre caprice, pouvait le livrer à des hordes ennemies, ou l'abandonner au milieu des déserts.

Chaque Canadien portait sur ses épaules une charge de quatre-vingt-dix livres, indépendamment de son fusil, d'un peu de poudre et de quelques balles. M. Mackenzie, outre ses armes et son télescope, portait lui-même un fardeau de vivres et de quincailleries, du poids de soixante-dix livres.

La fatigue, et je ne sais quelle confiance qu'on acquiert par l'accoutumance des périls, ôtèrent bientôt à nos voyageurs toute inquiétude. Après de longues journées de marche au travers des buissons et des halliers, tantôt exposés à un soleil brûlant, tantôt inondés par de grandes pluies, le soir ils s'endormaient paisiblement au chant des Indiens.

« Il consistait, dit M. Mackenzie, en sons doux, mélancoli-
« ques, d'une mélodie assez agréable ; et ayant quelque rapport
« avec le chant de l'Église. » Lorsqu'un voyageur se réveille sous un arbre, au milieu de la nuit, dans les déserts de l'Amérique ; qu'il entend le concert lointain de quelques Sauvages, entrecoupé par de longs silences et par le murmure des vents dans la forêt, rien ne lui donne plus l'idée de cette musique aérienne dont parle Ossian, et que les bardes décédés font entendre, aux rayons de la lune, sur les sommets du *Slimora*.

Bientôt nos voyageurs arrivèrent chez des tribus indiennes, dont M. Mackenzie cite des traits de mœurs fort touchants. Il vit une femme presque aveugle, et accablée de vieillesse, que ses parents portaient tour à tour, parce que l'âge l'empêchait de marcher. Dans un autre endroit, une jeune femme avec son enfant lui présenta un vase plein d'eau, au passage d'une rivière, comme Rebecca pencha son vase pour le serviteur d'Abraham au puits de Nachor, et lui dit : *Bibe, quin et camelis tuis dabo potum.*

« Buvez, je donnerai ensuite à boire à vos chameaux. »

J'ai passé moi-même chez une peuplade indienne qui se prenait à pleurer à la vue d'un voyageur, parce qu'il lui rappelait des amis partis pour la *Contrée des Ames*, et depuis longtemps en voyage.

« Nos guides, dit M. Mackenzie, ayant aperçu des Indiens....
« hâtèrent le pas pour les rejoindre. A leur approche, l'un des
« étrangers s'avança avec une hache à la main. C'était le seul
« homme de la troupe. Il avait avec lui deux femmes et deux
« enfants. Quand nous les joignîmes, la plus âgée des femmes,
« qui probablement était la mère de l'homme, s'occupait à
« arracher les mauvaises herbes dans un espace circulaire
« d'environ cinq pieds de diamètre, et notre présence n'inter-
« rompit point ce travail, prescrit par le respect dû aux morts.
« C'est dans ce lieu, objet des tendres soins de cette femme,
« qu'étaient les restes d'un époux et d'un fils ; et toutes les
« fois qu'elle y passait, elle s'arrêtait pour leur payer ce pieux
« tribut. »

Tout est important pour le voyageur des déserts. La trace des pas d'un homme, nouvellement imprimée dans un lieu sauvage, est plus intéressante pour lui que les vestiges de l'antiquité dans les champs de la Grèce. Conduit par les indices d'une peuplade voisine, M. Mackenzie traverse le village d'une nation hospitalière, où chaque cabane est accompagnée d'un tombeau. De là, après avoir franchi des montagnes, il atteint les bords de la rivière du *Saumon*, qui se décharge dans l'océan Pacifique. Un peuple nombreux, plus propre, mieux vêtu et mieux logé que les autres Sauvages, le reçoit avec cordialité. Un vieillard perce la foule et vient le presser dans ses bras ; on lui sert un grand festin, où l'on fournit des vivres en abondance. Un jeune homme détache un beau manteau de ses épaules, pour le suspendre aux siennes. C'est presque une scène d'Homère.

M. Mackenzie passa plusieurs jours chez cette nation. Il examina le cimetière, qui n'était qu'un grand bois de cèdres où l'on brûlait les morts ; et le temple où l'on célébrait deux fêtes chaque année, l'une au printemps, l'autre en automne. Tandis qu'il parcourait le village, on lui amena des malades pour les guérir : naïveté touchante d'un peuple chez qui l'homme est encore cher à l'homme, et qui ne voit un avantage dans la supériorité des lumières, celui de soulager des malheureux.

Enfin le chef de la nation donne au voyageur son propre fils pour l'accompagner, et un canot de cèdre pour le conduire à la mer. Ce chef raconta à M. Mackenzie que, dix hivers auparavant, s'étant embarqué dans le même canot avec quarante Indiens, il avait rencontré sur la côte deux vaisseaux remplis d'hommes blancs ; c'était le bon *Toolec* (1), dont le souvenir sera longtemps cher aux peuples qui habitent les bords de l'océan Pacifique.

Le samedi 20 de juillet 1793, à huit heures du matin, M. Mac-

(1) Le capitaine Cook.

kenzie sortit de la rivière du Saumon, pour entrer dans le bras de mer où cette rivière se jette par plusieurs embouchures. Il serait inutile de le suivre dans la navigation de cette baie, où il trouva partout des traces du capitaine Vancouver. Il observa la latitude à 52° 21′ 33″, et il écrivit avec du vermillon sur un rocher : *Alexandre Mackenzie est venu du Canada ici par terre, le 22 juillet 1793.*

Les découvertes de ce voyageur offrent deux résultats très-importants, l'un pour le commerce, l'autre pour la géographie. Quant au premier, M. Mackenzie s'en explique lui-même :

« En ouvrant cette communication entre les deux océans, et « en formant des établissements réguliers dans l'intérieur du « pays et aux deux extrémités de la route, ainsi que tout le long « des côtes et des îles voisines, on serait entièrement maître de « tout le commer- « ce des pellete- « ries de l'Améri- « que septentrio- « nale, depuis le « quarante - hui- « tième degré de « latitude jus- « qu'au pôle, ex- « cepté la partie « de la côte qui « appartient aux « Russes, dans « l'océan Pacifi- « que. »

« On peut ajou- « ter à cet avan- « tage celui de la « pêche dans les « deux mers, et « la facilité d'aller « vendre les pel- « leteries dans les « quatre parties « du globe. Tel est « le champ ouvert « à une entre- « prise commer- « ciale. Les pro- « duits de cette « entreprise se- « raient incalcu- « lables, si elle « était soutenue par une partie du crédit et des capitaux dont la « Grande-Bretagne possède une si grande accumulation. »

Ainsi l'Angleterre voit, par les découvertes de ses voyageurs, s'ouvrir devant elle une nouvelle source de trésors, et une nouvelle route à ses comptoirs des Indes et de la Chine.

Quant aux progrès de la géographie, qui, en dernier résultat, tournent également au profit du commerce, le voyage de M. Mackenzie à l'ouest est, sous ce point de vue, moins important que son voyage au nord. Le capitaine Vancouver avait suffisamment prouvé qu'il n'y a point de passage sur la côte occidentale de l'Amérique, depuis Nootka-Sund jusqu'à la rivière de Cook. Grâce aux travaux de M. Mackenzie, ce qui reste maintenant à faire au nord est très-peu de chose.

Le fond de la baie du Refus se trouve à peu près par les 68° de latitude nord, et les 85° de longitude occidentale, méridien de Greenwich.

En 1771, Hearne, parti de la baie d'Hudson, vit la mer à l'embouchure de la rivière des Mines de Cuivre, à peu près par le 69° de latitude, et par le 110° et quelques minutes de longitude.

Il n'y a donc que cinq ou six degrés de longitude entre la mer vue par Hearne et la mer du fond de la baie d'Hudson,

Pélican dans un cimetière indien.

A une latitude si élevée, les degrés de longitude sont fort petits. Supposez-les de douze lieues, vous n'aurez guère plus de soixante-douze lieues à découvrir entre les deux points indiqués.

A cinq degrés de longitude, à l'ouest de l'embouchure de la rivière des Mines de Cuivre, M. Mackenzie vient de découvrir la mer par les 69° 7′ nord.

En suivant notre premier calcul, nous n'aurons que soixante lieues de côtes inconnues entre la mer de Hearne et celle de M. Mackenzie (1).

Continuant de toucher à l'occident, nous trouvons enfin le détroit de Behring. Le capitaine Cook s'est avancé au delà de ce détroit jusqu'au 69° ou 70° degré de latitude nord et au 275° de longitude occidentale. Soixante-douze lieues, ou tout au plus six degrés de longitude, séparent l'océan Boréal de Cook de l'océan Boréal de M. Mackenzie.

Voilà donc une chaîne de points connus; où l'on a vu la mer autour du pôle, sur le côté septentrional de l'Amérique, depuis le fond du détroit de Behring jusqu'au fond de la baie d'Hudson. Il ne s'agit plus que de franchir par terre les trois intervalles qui divisent ces points (et qui ne peuvent pas composer entre eux plus de deux cent cinquante lieues d'étendue), pour s'assurer que le continent de l'Amérique est borné de toutes parts par l'Océan et qu'il règne à son extrémité septentrionale une mer peut-être accessible aux vaisseaux.

Me permettra-t-on une réflexion? M. Mackenzie a fait, au profit de l'Angleterre, des découvertes que j'avais entreprises et proposées jadis au gouvernement, pour l'avantage de la France. Du moins le projet de ce voyage, qui vient d'être achevé par un étranger, ne paraîtra plus chimérique. Comme d'autres sollicitent la fortune et le repos, j'avais sollicité l'honneur de porter, au péril de mes jours, des noms français à des climats inconnus, de donner à mon pays une colonie sur l'océan Pacifique, d'enlever les trésors d'un riche commerce à une puissance rivale, et de l'empêcher de s'ouvrir de nouveaux chemins aux Indes.

En rendant compte des travaux de M. Mackenzie, j'ai donc pu mêler mes observations aux siennes, puisque nous nous sommes rencontrés dans les mêmes desseins, et qu'au moment où il exécutait son premier voyage, je parcourais aussi les déserts de l'Amérique ; mais il a été secondé dans son entreprise ; il avait derrière lui des amis heureux et une patrie tranquille : je n'ai pas eu le même bonheur.

(1) Tous ces calculs ne sont pas exacts, et les découvertes du capitaine Franklin et du capitaine Parry ont répandu une grande clarté sur la géographie de ces régions polaires.

SUR LA LÉGISLATION PRIMITIVE

DE M. LE VICOMTE DE BONALD.

Novembre 1802.

« Peu d'hommes naissent avec une disposition particulière et déterminée à un seul objet, qu'on appelle talent; bienfait de la nature, si des circonstances favorables en secondent le développement, en permettent l'emploi; malheur réel, tourment de l'homme, si elles le contrarient. »

Ce passage est tiré du livre même que nous annonçons aujourd'hui au public. Rien n'est plus touchant et en même temps plus triste que les plaintes involontaires qui échappent quelquefois au *véritable* talent. L'auteur de la *Législation primitive*, comme tant d'écrivains célèbres, semble n'avoir reçu de la nature les dons que pour en sentir les dégoûts. Comme Épictète, il a pu réduire la philosophie à ces deux maximes : « souffrir et s'abstenir, » ἀνέχου καὶ ἀπέχου. C'est dans l'obscure chaumière d'un paysan d'Allemagne, au fond d'une terre étrangère, qu'il a composé sa *Théorie du pouvoir politique et religieux*(1); c'est au milieu de toutes les privations de la vie, et encore sous la menace d'une loi de proscription, qu'il a publié ses observations sur le *divorce;* traité admirable, dont les dernières pages surtout sont un modèle de cette éloquence de pensées, bien supérieure à l'éloquence de mots, et qui soumet tout, comme le dit Pascal, par *droit de puissance;* enfin c'est au moment où il va abandonner Paris, les lettres, et pour ainsi dire son génie, qu'il nous donne sa *Législation primitive :* Platon couronna ses ouvrages par ses *Lois*, et Lycurgue s'exila de Lacédémone après avoir établi les siennes. Malheureusement nous n'avons pas, comme les Spartiates, juré d'observer les *saintes* lois de notre nouveau législateur. Mais que M. de Bonald se rassure : quand on joint comme lui l'autorité des bonnes mœurs à l'autorité du génie; quand on n'a aucune de ces faiblesses qui prêtent des armes à la calomnie et consolent la médiocrité, les obstacles tôt ou tard s'évanouissent, et l'on arrive à cette position où le talent n'est plus un *malheur*, mais un *bienfait*.

Le jeune Edvin gardant son troupeau.

Les jugements que l'on porte sur notre littérature moderne nous semblent un peu exagérés. Les uns prennent notre jargon scientifique et nos phrases ampoulées pour les progrès des lumières et du génie; selon eux, la langue et la raison ont fait un pas depuis Bossuet et Racine : quel pas ! Les autres, au contraire, ne trouvent plus rien de passable; et, si on veut les en croire, nous n'avons pas un seul bon écrivain. Cependant n'est-il pas à peu près certain qu'il y a eu des époques en France où les lettres ont été au-dessous de ce qu'elles sont aujourd'hui ? Sommes-nous juges compétents dans cette cause, et pouvons-nous bien apprécier les écrivains qui vivent avec nous ? Tel auteur contemporain dont nous sentons à peine la valeur sera peut-être un jour la gloire de notre siècle. Combien y a-t-il d'années que les grands hommes du siècle de Louis XIV sont mis à leur véritable place ? Racine et La Bruyère furent presque méconnus de leur vivant. Nous voyons Rollin, cet homme plein de goût et de savoir, balancer le mérite de Fléchier et de Bossuet, et faire assez comprendre qu'on donnait généralement la préférence au premier. La manie de tous les âges a été de se plaindre de la rareté des

(1) Cet ouvrage, qui parut en 1796, fut supprimé par le Directoire, et n'a pas été réimprimé.

bons écrivains et des bons livres. Que n'a-t-on point écrit contre le *Télémaque*, contre les *Caractères* de La Bruyère, contre les chefs-d'œuvre de Racine! Qui ne connaît l'épigramme sur *Athalie*? D'un autre côté, qu'on lise les journaux du dernier siècle; il y a plus, qu'on lise ce que La Bruyère et Voltaire ont dit eux-mêmes de la littérature de leur temps : pourrait-on croire qu'ils parlent de ces temps où vécurent Fénelon, Bossuet, Pascal, Boileau, Racine, Molière, La Fontaine, J.-J. Rousseau, Buffon et Montesquieu?

La littérature française va changer de face ; avec la révolution vont naître d'autres pensées, d'autres vues des choses et des hommes. Il est aisé de prévoir que les écrivains se diviseront. Les uns s'efforceront de sortir des anciennes routes; les autres tâcheront de suivre les antiques modèles, mais toutefois en les présentant sous un jour nouveau. Il est assez probable que les derniers finiront par l'emporter sur leurs adversaires, parce qu'en s'appuyant sur les grandes traditions et sur les grands hommes, ils auront des guides bien plus sûrs et des documents bien plus féconds.

M. de Bonald ne contribuera pas peu à cette victoire : déjà ses idées commencent à se répandre; on les retrouve par lambeaux dans la plupart des journaux et des livres du jour. Il y a de certains sentiments et de certains styles qui sont pour ainsi dire contagieux, et qui (si l'on nous pardonne l'expression) teignent de leurs couleurs tous les esprits. C'est à la fois un bien et un mal : un mal, en ce que cela dégoûte l'écrivain dont on fane la fraîcheur, et dont on rend l'originalité vulgaire; un bien, quand cela sert à répandre des vérités utiles.

Le nouvel ouvrage de M. de Bonald est divisé en quatre parties.

La première (comprise dans le discours préliminaire) traite du rapport des êtres et des principes fondamentaux de la législation ;

La seconde considère l'état ancien du *ministère public* en France;

La troisième regarde l'*éducation publique* ;

Et la quatrième examine l'état de l'Europe chrétienne et mahométane.

Si dans l'extrait que l'on va donner de la *Législation primitive* on se permet quelquefois de n'être pas de l'opinion de l'auteur, il voudra bien le pardonner. Combattre un homme tel que lui, c'est lui préparer de nouveaux triomphes.

Pour remonter aux principes de la législation, M. de Bonald commence par remonter aux principes des êtres, afin de trouver la loi primitive, exemplaire éternel des lois humaines, qui ne sont bonnes ou mauvaises qu'autant qu'elles se rapprochent ou s'éloignent de cette loi, qui n'est qu'un écoulement de la sagesse divine. « *Lex... rerum omnium principem expressa naturam, ad quam leges hominum diriguntur, quæ supplicio improbos afficiunt, et defendunt et tuentur bonos* (1) » M. de Bonald trace rapidement l'histoire de la *philosophie*, qui, selon lui, voulait dire chez les anciens *amour de la sagesse*, et parmi nous *recherche de la vérité*. Ainsi les Grecs faisaient consister la sagesse dans la *pratique* des mœurs, et nous dans la *théorie*. « Notre philosophie, « dit l'auteur, est vaine dans ses pensées, superbe dans ses dis-« cours. Elle a pris des stoïciens l'orgueil, et des épicuriens la « licence. Elle a ses sceptiques, ses pyrrhoniens, ses éclectiques; « et la seule doctrine qu'elle n'ait pas embrassée est celle des « privations. »

Sur la cause de nos erreurs, M. de Bonald fait cette observation profonde :

« On peut préjuger en physique des erreurs particulières ; on « doit préjuger en morale des vérités générales; et c'est pour « avoir fait le contraire, pour avoir préjugé la vérité en physi-« que, que le genre humain a cru si longtemps aux absurdités « de la physique ancienne; comme c'est pour avoir préjugé l'er-« reur dans la morale générale des nations que plusieurs ont, « de nos jours, fait naufrage. »

L'auteur est bientôt conduit à l'examen du problème des idées

(1) Cic., *de Leg.*, lib. ii.

innées. Sans embrasser l'opinion qui les rejette, ni se ranger au parti qui les adopte, il croit que Dieu a donné aux hommes en *général*, et non à l'homme en *particulier* une certaine quantité de principes ou de sentiments innés (tels que révélation de l'Être-Suprême, de l'immortalité de l'âme, des premières notions de la morale, etc.), absolument nécessaires à l'établissement de l'ordre social. D'où il arrive qu'on peut trouver à la rigueur un homme isolé qui n'ait aucune connaissance de ces principes, mais qu'on n'a jamais rencontré une société d'hommes qui les ait totalement ignorés. Si ce n'est pas là la vérité, convenons du moins qu'un esprit qui sait produire de pareilles raisons n'est pas un esprit ordinaire.

De là M. de Bonald passe à l'examen d'un autre principe sur lequel il a élevé toute sa législation, savoir : *Que la parole a été enseignée à l'homme, et qu'il n'a pu l'inventer lui-même.*

Il reconnaît trois sortes de paroles, le geste, la parole, et l'écriture.

Il fonde son opinion sur des raisons qui paraissent d'un très-grand poids :

1° Parce qu'il est nécessaire de penser sa parole, avant de parler sa pensée ;

2° Parce que le sourd de naissance qui *n'entend* pas la parole est muet, preuve que la parole est une chose apprise et non inventée ;

3° Parce que si la parole est d'invention humaine, il n'y a plus de vérité nécessaire, etc.

M. de Bonald revient souvent à cette idée, d'où dépend, selon lui, toute la controverse des théistes et des athées, des chrétiens et des philosophes. On peut dire en effet que, s'il était prouvé que la parole est révélée et non inventée, on aurait une preuve physique de l'existence de Dieu, et Dieu n'aurait pu donner le verbe à l'homme sans lui donner aussi des règles et des lois. Tout deviendrait positif dans la société; et c'était déjà, ce nous semble, l'opinion de Platon et du philosophe romain : *Legem neque hominum ingeniis excogitatam, neque scitum aliquod esse populorum, sed æternum quiddam,* etc.

Il devenait nécessaire à M. de Bonald de développer son idée, et c'est ce qu'il a fait dans une excellente dissertation qui se trouve au second volume de son ouvrage. On y remarque cette comparaison, que l'on croirait traduite du *Phédon* ou de la *République* :

« Cette correspondance naturelle et nécessaire des pensées et des mots qui les expriment, et cette nécessité de la parole pour rendre présentes à l'esprit ses propres pensées et les pensées des autres, peuvent être rendues sensibles par une comparaison..... dont l'extrême exactitude prouverait toute seule une analogie parfaite entre les lois de notre être intelligent et celles de notre être physique.

« Si je suis dans un lieu obscur, je n'ai pas la vision oculaire, ou la connaissance par la vue de l'existence des corps qui sont près de moi, pas même de mon propre corps; et sous ce rapport ces êtres sont à mon égard comme s'ils n'étaient pas. Mais si la lumière vient tout à coup à paraître, tous les objets en reçoivent une couleur relative, pour chacun, à la contexture particulière de sa surface; chaque corps se produit à mes yeux, je les vois tous; et je juge les rapports de forme, d'étendue, de distance que ces corps ont entre eux et avec le mien.

« Notre entendement est ce lieu obscur où nous n'apercevons aucune idée, pas même celle de notre propre intelligence, jusqu'à ce que la parole, pénétrant par le sens de l'ouïe ou de la vue, porte la lumière dans les ténèbres, et appelle, pour ainsi dire, chaque idée, qui répond comme les étoiles dans Job : *Me voilà!* Alors seulement nos idées sont *exprimées*; nous avons la conscience de la connaissance de nos pensées, et nous pouvons la donner aux autres; alors seulement nous nous *idéons* nous-mêmes, nous *idéons* les autres êtres et les rapports qu'ils ont entre eux et avec nous; et de même que l'œil distingue chaque corps à sa couleur, l'esprit distingue chaque idée à son expression.

« Trouve-t-on souvent une aussi puissante métaphysique unie

à une si vive expression? Chaque idée qui répond à la parole comme les étoiles dans Job : ME VOILA, n'est-ce pas là un ordre de pensées bien élevé, un caractère de style bien rare? J'en appelle à des hommes plus habiles que moi : *Quantum eloquentia valeat, pluribus credere potest*

Cependant nous oserons proposer quelques doutes à l'auteur, et soumettre nos observations à ses lumières. Nous reconnaissons, comme lui, le principe de la transmission ou de l'enseignement de la parole. Mais ne pose-t-il pas trop rigoureusement le principe? En en faisant la seule preuve positive de l'existence de Dieu et des lois fondamentales de la société, ne met-il pas en péril les plus grandes vérités, si l'on vient à lui contester sa preuve unique? La raison qu'il tire des sourds-muets, en faveur de l'enseignement de la parole, n'est peut-être pas assez convaincante : car on peut lui dire : Vous prenez un exemple dans une exception, et vous allez chercher une preuve dans une imperfection de la nature. Supposons un homme sauvage, ayant tous ses sens, mais point encore la parole. Cet homme, pressé par la faim, rencontre dans les forêts un objet propre à la satisfaire; il pousse un cri de joie en le voyant, ou en le portant à sa bouche. N'est-ce pas possible qu'ayant *entendu* le cri, le son tel quel, il le retienne et le répète ensuite toutes les fois qu'il apercevra le même objet, ou sera pressé du même besoin? Le cri deviendra le premier mot de son vocabulaire, et ainsi de suite, et jusqu'à l'expression des idées purement intellectuelles.

Il est certain que l'idée ne peut sortir de l'entendement sans la parole; mais on pourrait peut-être admettre que l'homme, avec la permission de Dieu, allume lui-même ce *flambeau du verbe*, qui doit éclairer son âme; que le sentiment ou l'idée fait naître d'abord l'expression, et que l'expression à son tour rentre dans l'intelligence, pour y porter la lumière. Si l'auteur disait que, pour former une langue de cette sorte, il faudrait des millions d'années, et que J.-J. Rousseau lui-même *a cru que la parole est bien nécessaire pour inventer la parole*, nous convenons aussi de la difficulté; mais M. de Bonald ne doit pas oublier qu'il a affaire à des hommes qui nient toutes les traditions, et qui disposent à leur gré de *l'éternité du monde*.

Il y a d'ailleurs une objection plus sérieuse. Si la parole est nécessaire à la manifestation de l'idée, et que la parole entre par les sens, l'âme dans une autre vie, dépouillée des organes du corps, n'a donc pas la conscience de ses pensées! Il n'y aurait plus qu'une ressource, qui serait de dire que Dieu l'éclaire alors de son propre verbe, et qu'elle voit ses idées dans la Divinité: c'est retomber dans le système de Malebranche.

Les esprits profonds aimeront suivre comment M. de Bonald déroule le vaste tableau de l'ordre social; comment il suit et définit l'administration civile, politique et religieuse. Il prouve évidemment que la religion chrétienne a achevé l'homme, comme le suprême législateur le dit lui-même en expirant :

Tout est consommé.

M. de Bonald donne une singulière élévation et une profondeur immense au christianisme; il suit les rapports mystiques du *Verbe et du Fils*, et montre que le véritable Dieu ne pouvait être connu que par la révélation ou l'*Incarnation* de son *Verbe*, comme la pensée de l'homme n'a été manifestée que par la parole ou l'*incarnation de la pensée*. Hobbes, dans sa *Cité chrétienne*, avait expliqué le Verbe comme l'auteur de la législation : *In Testamento Novo græce scripto, Verbum Dei sæpe ponitur, non pro eo quod loquutus est Deus, sed pro eo quod de Deo et de regno ejus.... In hoc autem sensu idem significant* λόγος Θεοῦ.

M. de Bonald distingue essentiellement la constitution de la société domestique, ou l'ordre de famille, de la constitution politique, rapports qu'on a trop confondus dans ces derniers temps. Dans l'examen de l'ancien *ministère public* en France, il montre une connaissance approfondie de notre histoire. Il examine le principe de la souveraineté du peuple, que Bossuet avait attaqué dans son *cinquième avertissement*, en réponse à M. Jurieu. « Où « tout est indépendant, » dit l'évêque de Meaux, « il n'y a rien de « souverain. » Axiome foudroyant, manière d'argumenter précisément telle que l'exigeaient les ministres protestants, qui se piquaient surtout de raison et de logique. Ils s'étaient plaints d'être écrasés par l'éloquence de Bossuet; l'orateur s'était aussitôt dépouillé de son éloquence, comme ces guerriers chrétiens qui, s'apercevant au milieu d'un combat que leurs adversaires étaient désarmés, jetaient à l'écart leurs armes, pour ne pas remporter une victoire trop aisée. Bossuet, passant ensuite aux preuves historiques, et montrant que le prétendu *pacte social* n'a jamais existé, fait voir, ainsi qu'il le dit lui-même, qu'il y a là *autant d'ignorance que de mots*; que si le peuple est souverain, il a le droit incontestable de changer tous les jours sa constitution, etc. Ce grand homme (que M. de Bonald, digne d'être son admirateur, cite avec tant de complaisance) établit aussi l'excellence de la succession au pouvoir suprême. «C'est un bien pour le peuple, « dit-il dans le même *avertissement*, que le gouvernement de- « vienne aisé, qu'il se perpétue par les mains qui perpétuent « le genre humain, et qu'il aille pour ainsi dire avec la nature. »

M. de Bonald nous reproduit cette force de bon sens, et quelquefois cette simple grandeur de style. C'est un sujet d'étonnement dont on a peine à revenir, que l'ignorance ou la mauvaise foi dans laquelle est tombé notre siècle relativement au siècle de Louis XIV. On croit que ces écrivains ont méconnu les principes de l'ordre social, et cependant il n'y a pas de question politique dont Bossuet n'ait parlé, soit dans son *Histoire universelle*, soit dans sa *Politique tirée de l'Écriture*, soit surtout dans ses controverses avec les protestants.

Au reste, si l'on peut faire quelques objections à M. de Bonald, sur les deux premiers volumes de son ouvrage, il n'en est pas ainsi du troisième. L'auteur y parle de l'*éducation* avec une supériorité de lumière, une force de raisonnement, une netteté de vue, dignes des plus grands éloges. C'est véritablement dans les questions particulières de morale ou de politique que M. de Bonald excelle. Il y répand partout une *modération féconde*, pour employer la belle expression de Daguesseau. Je ne doute point que son *Traité d'éducation* n'allire les yeux des hommes d'État, comme sa question du divorce fixa l'attention des meilleurs esprits de la France. On reviendra incessamment sur ce troisième volume, qui mérite seul un extrait.

Le style de M. de Bonald pourrait être quelquefois plus harmonieux et moins négligé. Sa pensée est toujours éclatante et d'un heureux choix; mais je ne sais si son expression n'est pas quelquefois un peu terne et commune; légers défauts que le travail fera disparaître. On pourrait aussi désirer plus d'ordre dans les matières, et plus de clarté dans les idées : les génies forts et élevés ne compatissent pas assez à la faiblesse de leurs lecteurs; c'est un abus naturel de la puissance. Quelquefois encore les distinctions de l'auteur paraissent trop ingénieuses, trop subtiles. Comme Montesquieu, il aime à appuyer une grande vérité sur une petite raison. La définition d'un mot, l'explication d'une étymologie, sont des choses trop curieuses et trop arbitraires pour qu'on puisse les avancer au soutien d'un principe important.

Au reste, on a voulu seulement, par ce peu de mots, sacrifier à la triste coutume qui veut qu'on joigne toujours la critique à l'éloge. A Dieu ne plaise que nous observions misérablement quelque tache dans les écrits d'un homme aussi supérieur que M. de Bonald ! Comme nous ne sommes point une autorité, nous avons permission d'admirer avec le vulgaire; et nous en profitons amplement pour l'auteur de la *Législation primitive*.

Heureux les États qui possèdent encore des citoyens comme M. de Bonald; hommes que les injustices de la fortune ne peuvent décourager, qui combattent pour le seul amour du bien, lors même qu'ils n'ont pas l'espérance de vaincre.

L'auteur de cet article ne peut se refuser une image qui lui est fournie par la position dans laquelle il se trouve. Au moment même où il écrit ces derniers mots, il descend un des plus grands fleuves de la France; sur deux montagnes opposées s'élèvent deux tours en ruines; au haut de ces tours sont attachées de petites cloches que les montagnards sonnent à notre passage. Ce fleuve, ces montagnes, ces sons, ces monuments gothiques, amusent un moment les yeux des spectateurs; mais personne ne s'arrête pour aller où la cloche l'invite : ainsi les hommes qui prêchent aujourd'hui morale et religion donnent en vain le signal du haut de leurs ruines à ceux que le torrent du siècle entraîne; le voyageur s'étonne de la grandeur des débris, de la douceur des bruits qui en sortent, de la majesté des souvenirs qui s'en élèvent; mais il n'interrompt point sa course, et au premier détour du fleuve tout est oublié.

SUR LA LÉGISLATION PRIMITIVE.

Décembre 1802.

On peut remarquer dans l'histoire que la plupart des révolutions des peuples civilisés ont été précédées des mêmes opinions et annoncées par les mêmes écrits : *Quid est quod fuit? ipsum quod futurum est*. Quintilien et Élien nous parlent de cet Archiloque qui osa le premier publier l'histoire honteuse de sa conscience à la face de l'univers, et qui florissait en Grèce avant la réforme de Solon. Au rapport d'Eschine, Dracon avait fait un traité de l'éducation, où, prenant l'homme à son berceau, il le conduisait pas à pas jusqu'à sa tombe. Cela rappelle l'éloquent sophiste dont M. de La Harpe a fait un portrait admirable.

La *Cyropédie* de Xénophon, une partie de la *République* de Platon, et les premiers livres de ses *Lois*, peuvent être aussi regardés comme de beaux traités plus ou moins propres à former le cœur de la jeunesse. Sénèque, et surtout le judicieux Quintilien, placés sur un autre théâtre et plus rapprochés de nos temps, ont laissé d'excellentes leçons aux maîtres et aux disciples. Malheureusement, de tant de bons écrits sur l'éducation, nous n'avons emprunté que la partie systématique, et précisément celle qui, tenant aux mœurs des anciens, ne peut s'appliquer à nos mœurs. Cette fatale imitation, que nous avons poussée en tout à l'excès, a causé bien des malheurs : en naturalisant chez nous les dévastations et les assassinats de Sparte et d'Athènes sans atteindre à la grandeur de ces fameuses cités, nous avons imité ces tyrans qui, pour embellir leur patrie, y faisaient transporter les ruines et les tombeaux de la Grèce.

Si la fureur de tout détruire n'avait pas été le caractère dominant de ce siècle, qu'avions-nous besoin cependant d'aller chercher des systèmes d'éducation dans les débris de l'antiquité? N'avions-nous pas les institutions du christianisme? Cette religion si calomniée (et à qui nous devons toutefois jusqu'à l'art qui nous nourrit), cette religion arracha nos pères aux ténèbres de la barbarie. D'une main, les bénédictins guidaient les premières charrues dans les Gaules, de l'autre ils transcrivaient les poëmes d'Homère; et tandis que les *clercs de la vie commune* s'occupaient de la collation des anciens manuscrits, les *pauvres frères des écoles pieuses* enseignaient *gratis* aux enfants du peuple les premiers rudiments des lettres : ils obéissaient à ce commandement du livre où tout se trouve : *Non des illi potestatem in juventute, et ne despicias cogitatus illius*.

Bientôt parut cette société fameuse qui donna le Tasse à l'Italie et Voltaire à la France, et dont, pour ainsi dire, chaque membre fut un homme de lettres distingué. Le jésuite, mathématicien à la Chine, législateur au Paraguay, antiquaire en Égypte, martyr au Canada, était en Europe un maître savant et poli, dont l'urbanité ôtait à la science ce pédantisme qui dégoûte la jeunesse. Voltaire consultait sur ses tragédies les pères Porée et Brumoy : « On a lu *Jules César* devant dix jésuites, écrit-il à M. de Cideville; ils en pensent comme vous. » La rivalité qui s'établit un moment entre *Port-Royal* et la *Société* força cette dernière à veiller plus scrupuleusement sur sa morale, et les *Lettres provinciales* achevèrent de la corriger. Les jésuites étaient des hommes tolérants et doux qui cherchaient à rendre la religion aimable, par indulgence pour notre faiblesse, et qui s'égarèrent d'abord dans ce charitable dessein. Port-Royal était inflexible et sévère, et comme le roi-prophète, il semblait vouloir égaler la rigueur de sa pénitence à la hauteur de son génie. Si le poëte plus tendre fut élevé à l'école *des Solitaires*, le prédicateur le plus austère sortit du sein de la *Société*. Bossuet et Boileau penchaient pour les premiers; Fénelon et La Fontaine pour la seconde.

« Anacréon se tait devant les jansénistes. »

Port-Royal, sublime à sa naissance, changea et s'altéra tout à coup, comme ces emblèmes antiques qui n'ont que la tête d'aigle; les jésuites au contraire se soutinrent et se perfectionnèrent jusqu'à leur dernier moment. La destruction de cet ordre a fait un mal irréparable à l'éducation et aux lettres; on en convient aujourd'hui. Mais selon la réflexion touchante d'un historien : *Quis beneficorum servat memoriam? aut quis ullam calamitosis deberi putat gratiam? aut quando fortuna non mutat fidem?*

Ce fut donc sous le siècle de Louis XIV (siècle qui enfanta toutes les grandeurs de la France) que le système d'éducation, pour les deux sexes, parvint à son plus haut point de perfection. On se rappelle avec admiration ces temps où l'on vit sortir des écoles chrétiennes Racine, Molière, Montfaucon, Sévigné, La Fayette, Dacier; ces temps où le chantre d'Antiope donnait des leçons aux épouses des hommes, où les pères Hardouin et Jouvency expliquaient la belle antiquité, tandis que les génies de Port-Royal écrivaient pour des écoliers de sixième, et que le grand Bossuet se chargeait du catéchisme des petits enfants.

Rollin parut bientôt à la tête de l'Université; ce savant homme que l'on prend aujourd'hui pour un pédant de collège plein de ridicules et de préjugés, est pourtant un des premiers écrivains français qui ait parlé d'un philosophe anglais avec éloge. » Je « ferai grand usage de deux auteurs modernes » (dit-il dans son « *Traité des Études*; ces auteurs sont M. de Fénelon, arche- « vêque de Cambrai, et M. Locke, Anglais, dont les écrits sur « cette matière sont fort estimés, et avec raison. Le dernier a « quelques sentiments particuliers que je ne voudrais pas tou- « jours adopter. Je ne sais d'ailleurs s'il était bien versé dans la « connaissance de la langue grecque et dans l'étude des belles- « lettres; il ne paraît pas au moins en faire assez de cas. »

C'est en effet à l'ouvrage de Locke sur l'éducation qu'on peut à faire remonter la date de ces opinions systématiques qui tendent à faire de tous les enfants des héros de roman ou de philosophie. L'*Émile*, où ces opinions sont malheureusement consacrées par un grand talent, et quelquefois par une haute éloquence; l'*Émile* est jugé maintenant comme livre pratique; sous ce rapport, il n'y a pas de livre élémentaire pour l'enfance qui ne lui soit bien préférable : on s'en est enfin aperçu, et une femme célèbre a publié de nos jours, sur l'éducation, des préceptes beaucoup plus sains et plus utiles. Un homme dont le génie a été mûri par les orages de la révolution achève maintenant de renverser les principes d'une fausse philosophie, et de rasseoir l'éducation sur ses bases morales et religieuses. Le troisième volume de la *Législation primitive* est consacré à cet important sujet : nous avons promis de le faire connaître à nos lecteurs.

M. de Bonald commence par poser en principe que l'homme naît ignorant et faible, mais capable d'apprendre : « Bien diffé- « rent de la brute, l'homme naît, dit-il, *perfectible*, et l'animal « naît *parfait*. »

Que faut-il enseigner à l'homme? Tout ce qui est bon, c'est-à-dire tout ce qui est nécessaire à la *conservation* des êtres.

Et quel est le moyen général de cette conservation? La *société*.

Comment la société exprime-t-elle ses rapports? Elle les exprime par des *volontés* qui s'appellent *lois*.

Les lois sont donc des volontés, d'où résultent pour les membres de la société des *actions* appelées *devoirs*.

Donc *l'éducation* proprement dite est *l'enseignement des lois et des devoirs de la société*.

L'homme, sous le rapport religieux et politique, appartient à une *société domestique* et à une *société publique*. Il y a donc deux systèmes d'éducation, savoir :

L'éducation domestique, qui suit l'enfant dans la maison paternelle ; elle a pour but de former l'homme pour la famille, et de l'instruire des éléments de la religion ;

L'éducation publique, qui est celle que les enfants reçoivent de l'État dans des établissements publics ; son but est de former l'homme pour la société publique, et les devoirs religieux et politiques qu'elle commande.

L'éducation, dans son principe, doit être essentiellement religieuse. Ici M. de Bonald combat fortement l'auteur d'*Émile*. Dire qu'on ne doit donner à l'enfance aucun principe religieux, c'est une des erreurs les plus funestes que jamais ait avancées la philosophie. L'auteur de la *Législation primitive* cite l'exemple effrayant de soixante-quinze enfants au-dessous de seize ans jugés à la police correctionnelle, dans l'espace de cinq mois, pour *larcins, vols et atteintes aux mœurs*. M. Scipion Bexon, vice-président du tribunal de première instance du département de la Seine, à qui l'on doit la connaissance de ce fait, ajoute, dans son rapport, *que plus de la moitié des vols qui ont lieu dans Paris sont commis par des enfants*.

« Que des établissements publics, dit M. Necker dans son *Cours de morale religieuse*, assurent à tous les enfants des instructions élémentaires de morale et de religion. Votre indifférence vous rendrait un jour responsables des égarements que vous seriez forcés de punir ; votre conscience au moins serait effrayée du reproche que pourrait vous adresser un jeune homme traduit devant un tribunal criminel, un jeune homme prêt à subir une condamnation rigoureuse. Que pourriez-vous répondre en effet s'il disait : « Je n'ai jamais été formé à la vertu par aucune le-
« çon ; j'ai été dévoué à des travaux mercenaires ; j'ai été lancé
« dans le monde avant qu'on eût gravé dans mon cœur ou dans
« mon souvenir un seul principe de conduite : on m'a parlé de
« liberté, d'égalité, jamais de mes devoirs envers les autres, ja-
« mais de l'autorité religieuse qui m'aurait soumis à ces devoirs :
« on m'a laissé l'enfant de la nature, et l'on veut me juger par
« des lois que le *génie social* a composées : ce n'était pas avec
« une sentence de mort qu'il fallait m'enseigner les obligations
« de la vie ! » Tel est le langage terrible que pourrait tenir un jeune homme en entendant sa condamnation.

En parlant d'abord de l'éducation domestique, M. de Bonald veut qu'on rejette toutes ces pratiques anglaises, américaines, philosophiques, inventées par l'esprit de système et soutenues par la mode.

« Les vêtements légers, dit-il, la tête découverte, un lit dur, sobriété et exercices, des privations plutôt que des jouissances, en un mot presque toujours ce qui coûte le moins, est en tout ce qui convient le mieux, et la nature n'emploie ni tant de frais, ni tant de soins, pour élever ce frêle édifice qui ne doit durer qu'un instant, et qu'un souffle peut renverser. »

Il conseille ensuite le rétablissement des *corporations*,

« Que le gouvernement doit, dit-il, regarder comme l'éducation domestique des enfants du peuple. Ces corporations, où la religion fortifiait par ses pratiques les règlements de l'autorité civile, avaient, entre autres avantages, celui de contenir par le devoir un peu dur des maîtres une jeunesse grossière, que le besoin de vivre soustrait de bonne heure au pouvoir paternel, et que son obscurité dérobe au pouvoir politique. »

C'est voir les choses de bien haut, et considérer en véritable législateur ce que tant d'écrivains n'ont aperçu qu'en économistes.

L'auteur, passant à l'éducation publique, prouve d'abord, comme Quintilien, l'insuffisance d'une éducation privée, et la nécessité d'une éducation commune. Après avoir parlé des lieux où l'on doit établir les colléges, et fixé le nombre des élèves que chaque collége doit à peu près contenir, il examine la grande question sur les *maîtres* ; laissons-le parler lui-même :

« Il faut une éducation perpétuelle, universelle, uniforme, et
« par conséquent un instituteur perpétuel, universel, uniforme :
« il faut donc un corps, car hors d'un corps il ne peut y avoir ni
« perpétuité, ni généralité, ni uniformité.

« Ce corps (car il n'en faut qu'un), chargé de l'éducation
« publique, ne peut pas être un corps purement séculier ; car
« où serait le lien qui en assurerait la perpétuité, et par con-
« séquent l'uniformité ? Serait-ce l'intérêt personnel ? Mais des
« séculiers auront ou pourront avoir une famille. Ils appartien-
« dront donc plus à leur famille qu'à l'État, à leurs enfants plus
« qu'aux enfants des autres, à leur intérêt personnel plus qu'à
« l'intérêt public ; car l'amour de soi, disons-le en veut faire le lien
« universel, est et sera toujours le mortel ennemi de l'amour
« des autres. . . . .

« . . . .

« Si les instituteurs publics sont célibataires, quoique sécu-
« liers, ils ne pourront faire corps entre eux, leur agrégation for-
« tuite ne sera qu'une succession continuelle d'individus entrés
« pour vivre, et sortis pour s'établir ; et quel père de famille
« osera confier ses enfants à des célibataires dont une discipline
« religieuse ne garantira pas les mœurs ? S'ils sont mariés, com-
« ment l'État pourrait-il assurer à des hommes chargés de famille,
« animés d'une juste ambition de fortune, et plus capables que
« d'autres de s'y livrer avec succès, comment pourrait-il leur
« assurer un établissement qui puisse les détourner d'une spé-
« culation plus lucrative ? si, par des vues d'économie, on les
« réunit sous le même toit avec leurs femmes et leurs enfants,
« la concorde est impossible ; si on leur permet de vivre sépa-
« ment, les frais sont incalculables. Des hommes instruits ne
« voudront pas soumettre leur esprit à des règlements devenus
« routiniers, à des méthodes d'enseignement qui leur paraîtront
« défectueuses ; des hommes avides et accablés de besoins vou-
« dront s'enrichir ; des pères de famille oublieront les soins pu-
« blics pour les affections domestiques. L'État peut être assuré
« de ne conserver dans les établissements d'éducation que les
« hommes qui ne seront propres à aucune autre profession, des
« mauvais sujets ; et l'on peut s'en convaincre aisément en se
« rappelant des instruments les plus actifs de nos désordres
« ont été, à Paris, cette classe d'instituteurs laïques attachés
« aux colléges, qui, dans leurs idées classiques, ont vu le *forum*
« de Rome à l'assemblée de leurs sections, se sont crus des ora-
« teurs chargés des destinées de la république, lorsqu'ils n'étaient
« que des brouillons bouffis d'orgueil, et impatients de sortir de
« leur état. Il faut donc un corps qui ne puisse se dissoudre ; un
« corps où des hommes fassent à une règle commune, le sacri-
« fice de leurs opinions personnelles ; à une richesse commune,
« le sacrifice de leur cupidité personnelle ; à la famille commune
« de l'État, le sacrifice de leurs familles personnelles. Mais
« quelle autre force que celle de la religion, quels autres engage-
« ments que ceux qu'elle consacre, peuvent lier des hommes à
« des devoirs aussi austères, et leur commander des sacrifices
« aussi pénibles ? »

La vigoureuse dialectique de ce morceau sera remarquée de tous les lecteurs. M. de Bonald presse l'argument de manière à ne laisser aucun refuge à ses adversaires. On pourrait seulement lui objecter les universités protestantes ; mais il pourrait répondre que les professeurs de ces universités, bien qu'ils soient mariés, sont cependant des *ministres* ou des *prêtres* ; que ces universités sont d'ailleurs des fondations *chrétiennes*, dont les revenus et les fonds sont indépendants du gouvernement ; qu'après tout, les désordres sont tels dans ces universités, que des parents sages craignent souvent d'y envoyer leurs enfants. Tout cela change absolument l'état de la question, et sert même, en dernière analyse, à confirmer le raisonnement de l'auteur.

M. de Bonald, ne s'occupant qu'à poser les principes, néglige de donner des avis particuliers aux maîtres. On les trouve d'ailleurs, ces avis, dans les écrits du bon Rollin. Le seul titre de ces chapitres fait aimer cet excellent homme : *Prendre de l'autorité sur les enfants ; se faire aimer et craindre, inconvénients et dangers des châtiments ; parler raison aux enfants, les piquer d'honneur, faire usage des louanges, des récompenses, des caresses ; rendre l'étude aimable ; accorder du repos et de la récréation aux enfants ; piété, religion, zèle pour le salut des enfants :* c'est sous ce dernier titre qu'on lit ces mots, qui font presque verser des larmes d'attendrissement :

« Qu'est-ce qu'un maître chrétien chargé de l'éducation de
« jeunes gens? c'est un homme entre les mains de qui Jésus-Christ
« a remis un certain nombre d'enfants, qu'il a rachetés de son
« sang, et pour lesquels il a donné sa vie ; en qui il habite comme
« dans sa maison et dans son temple ; qu'il regarde comme ses
« membres, comme ses frères et des cohéritiers dont il veut faire
« autant de rois et de prêtres qui régneront et serviront Dieu
« avec lui et par lui pendant toute l'éternité ; et il les leur a con-
« fiés pour conserver en eux le précieux et l'inestimable dépôt
« de l'innocence. Or, quelle grandeur, quelle noblesse une com-
« mission si honorable n'ajoute-t-elle point à toutes les fonc-
« tions des maîtres ! . . . .
« . . . . Un bon maître doit s'appliquer ces
« paroles que Dieu faisait continuellement retentir aux oreilles
« de Moïse, le conducteur de son peuple : Portez-les dans votre
« sein comme une nourrice a accoutumé de porter son petit en-
« fant : *Porta eos in sinu tuo, sicut portare solet infantulum.* »

Des maîtres, M. de Bonald passe aux élèves. Il veut qu'on les occupe principalement de l'étude des langues anciennes, qui ouvrent aux enfants les trésors du passé, et promènent leur esprit et leur cœur sur de beaux souvenirs et de grands exemples. Il s'élève contre cette éducation philosophique « qui encombre, « dit-il, la mémoire des enfants de vaines nomenclatures de mi-« néraux, de plantes, qui rétrécissent leur intelligence, etc. »

On doit aimer à se rencontrer dans les mêmes sentiments et les mêmes opinions avec un homme tel que M. de Bonald. Nous avons eu le bonheur d'attaquer un des premiers cette dangereuse manie de notre siècle (1). Personne, peut-être, ne sent plus que nous le charme de l'*histoire naturelle* : mais quel abus n'en fait-on pas aujourd'hui, et dans la manière dont on l'étudie, et dans les conséquences qu'on veut en tirer ! L'histoire naturelle, proprement dite, ne peut être, ne doit être qu'une suite de tableaux, comme dans la nature. Buffon avait un souverain mépris pour les *classifications* qu'il appelait *des échafaudages pour arriver à la science, et non pas la science elle-même* (2). Indépendamment des autres dangers qu'entraîne l'étude exclusive des sciences, comme elles ont un rapport immédiat avec le vice originel de l'homme, elles nourrissent beaucoup plus l'orgueil que les lettres. « Descartes croyait, dit le savant auteur de sa vie, qu'il « était *dangereux* de s'appliquer trop sérieusement à ces dé-« monstrations superficielles, que l'industrie et l'expérience « fournissent moins souvent que le hasard. Sa maxime était (3) « que cette application nous désaccoutume insensiblement de « l'usage de notre raison, et nous expose à perdre la route que « la lumière nous trace (4). » Et l'on peut ajouter ces paroles de Lock : « *Entêtés de cette folle pensée que rien n'est au-dessus « de notre compréhension* (5). »

Voulez-vous apprendre l'histoire naturelle aux enfants sans dessécher leur cœur et sans flétrir leur innocence, mettez entre leurs mains le commentaire de la *Genèse* par M. *de Luc*, ou l'ouvrage cité par Rollin dans le livre de ses *Études* intitulé *de la Philosophie*. Quelle philosophie, et combien peu elle ressemble à la nôtre ! Citons un morceau au hasard :

« Quel architecte a enseigné aux oiseaux à choisir un lieu

(1) Dans le *Génie du Christianisme*. — (2) *Hist. nat.*, tom. 1, Prem. disc. — (3) Lettre de 1639, pag. 412 ; DESCARTES, liv. de *Direct. in. en. regiou*, n° 5. — (4) Œuvres de Desc., tom. 1, pag. 142. — (5) *Entend. hum.*, liv. 4, chap. 3, art. 4, trad. de M. Coste.

« ferme et à bâtir sur un fondement solide? Quelle mère tendre
« leur a conseillé d'en couvrir le fond de matières molles, et dé-
« licates, telles que le duvet et le coton? et, lorsque ces matières
« manquent, qui leur a suggéré cette ingénieuse charité qui les
« porte à s'arracher avec le bec autant de plumes de l'estomac
« qu'il en faut pour préparer un berceau commode à leurs petits?
« Est-ce pour les oiseaux, Seigneur, que vous avez un en-
« semble tant de miracles qu'ils ne connaissent point? Est-ce
« pour les hommes qui n'y pensent pas? pour des curieux qui se
« contentent de les admirer sans remonter jusqu'à vous? Et
« n'est-il pas visible que votre dessein a été de nous rappeler à
« vous par un tel spectacle, de nous rendre sensibles votre pro-
« vidence et votre sagesse infinie, et de nous remplir de con-
« fiance en votre bonté, si attentive et si tendre pour des oiseaux
« dont une couple ne vaut qu'une obole (1)? »

Il n'y a que les *Études de la Nature* de M. Bernardin de Saint-Pierre qui offrent des peintures aussi religieuses et aussi touchantes. La plus belle page de Buffon n'égale peut-être pas la tendre éloquence de ce mouvement chrétien : *Est-ce pour les oiseaux, Seigneur, etc.*

Un étranger se trouvait, il y a quelque temps, dans une société où l'on parlait du fils de la maison, enfant de sept ou huit ans, comme d'un prodige. Bientôt on entend un grand bruit, les portes s'ouvrent, et l'on voit paraître le petit docteur, les bras nus, la poitrine découverte, et habillé comme un singe qu'on va montrer à la foire. Il arrivait se roulant d'une jambe sur l'autre, d'un air assuré, regardant avec effronterie, importunant tout le monde de ses questions, et tutoyant également les femmes et les hommes âgés. On le place sur une table, au milieu de l'assemblée en extase ; on l'interroge : « Qu'est-ce que l'homme? » lui demande gravement un instituteur. — C'est un animal *mammifère*, qui a quatre extrémités, dont deux se terminent en mains. — Y a-t-il d'autres animaux de sa classe ? — Oui : les chauves-souris et les singes. » L'assemblée poussa des cris d'admiration. L'étranger, se tournant vers nous, nous dit brusquement : « Si j'avais un enfant qui sût de pareilles choses, en dépit des « larmes de sa mère, je lui donnerais le fouet jusqu'à ce qu'il « les eût oubliées. Je me souviens des paroles de votre Henri IV : « *Ma mie*, disait-il à une femme qui *pleurez quand je donne le « fouet à notre fils, mais c'est pour son bien, et la peine que je « vous fais à présent vous épargnera un jour bien des peines.* »

Ces petits *naturalistes*, qui ne savent pas un mot de leur religion et de leurs devoirs, sont à quinze ans des personnages insupportables. Déjà hommes sans être hommes, vous les voyez traîner leur figure pâle et leur corps énervé dans les cercles de Paris, décidant de tout en maîtres, ayant une *opinion* en morale et en politique, prononçant sur ce qui est bon ou mauvais, jugeant de la beauté des femmes, de la bonté des livres, du jeu des acteurs, de la danse des danseurs ; se regardant danser eux-mêmes avec admiration, se piquant d'être déjà *blasés* sur leurs *succès*, et, pour comble de ridicule et d'horreur, ayant quelquefois recours au suicide.

Ah ! ce ne sont pas là ces enfants d'*autrefois*, que leurs parents envoyaient chercher tous les jeudis au collège. Ils arrivaient avec des habits simples, et modestement fermés. Ils s'avançaient timidement au milieu du cercle de la famille, rougissant quand on leur parlait, baissant les yeux, saluant d'un air gauche et embarrassé, mais empruntant les grâces de leur simplicité même et de leur innocence ; et cependant le cœur de ces pauvres enfants bondissait de joie. Quelles délices pour eux une journée passée ainsi sous le toit paternel ; au milieu des complaisances des domestiques, des embrassements des sœurs et des dons secrets de la mère ! Si on les interrogeait sur leurs études, ils ne répondaient pas que l'homme est un animal *mammifère* placé entre les chauves-souris et les singes, car ils ignoraient ces importantes vérités ; mais ils répétaient ce qu'ils avaient appris dans

(1) MATTH., 10, 20.

Bossuet ou dans Fénelon, que Dieu a créé l'homme pour l'aimer et le servir; qu'il a une âme immortelle; qu'il sera puni ou récompensé dans une autre vie, selon ses mauvaises ou bonnes actions; que les enfants doivent être respectueux envers leurs père et mère; enfin toutes ces vérités de catéchisme qui font pitié à la philosophie. Ils appuyaient cette *histoire naturelle* de l'homme de quelques passages fameux, en vers grecs ou latins, empruntés d'Homère ou de Virgile; et ces belles citations du génie de l'antiquité se mariaient assez bien aux génies non moins antiques de l'auteur de *Télémaque* et de celui de l'*Histoire universelle*.

Mais il est temps de passer au résumé général de la *Législation primitive*; tels sont les principes que M. de Bonald a posés :

« Il y a un Être-Suprême, ou une cause générale.

« Cet Être-Suprême est Dieu. Son existence est surtout prouvée par la parole, que l'homme n'a pas pu trouver, et qui lui a été enseignée.

« La cause générale, ou Dieu, a produit un effet également général dans le monde : c'est l'homme.

« Ces deux termes, cause et effet, Dieu et l'homme, ont un terme moyen nécessaire, sans quoi il n'y aurait point de rapport entre eux.

« Ce terme moyen nécessaire doit se proportionner à la perfection de la cause et à l'imperfection de l'effet.

« Quel est ce terme moyen? où était-il? » C'était là, dit l'auteur, la grande énigme de l'univers. »

« Il était annoncé à un peuple; il devait être connu d'un autre.

« Il est venu au terme marqué. Avant lui les véritables rapports de l'homme avec Dieu n'étaient point connus, parce que les êtres ne sont point connus par eux-mêmes, qu'ils ne le sont que par leurs rapports; et que tout terme moyen ou tout rapport manquait entre l'homme et Dieu.

« Ainsi il y aura véritable connaissance de Dieu et de l'homme partout où le médiateur sera connu, et ignorance de Dieu et de l'homme partout où le médiateur sera inconnu.

« Là où il y a connaissance de Dieu et de l'homme, et de leur rapport naturel, il y a nécessairement de bonnes lois, puisque les lois sont l'expression des rapports naturels; donc la civilisation suivra la connaissance du médiateur, et la barbarie, l'ignorance du médiateur.

« Donc il y a eu civilisation commencée chez les Juifs, et civilisation consommée chez les chrétiens. Les peuples païens ont été des *barbares*. »

Il faut entendre le mot *barbare* dans le sens de l'auteur. Les arts pour lui ne constituent pas un peuple *civilisé*, mais un peuple *policé*. Il n'attache le mot de civilisation qu'aux lois morales et politiques; on sent que tout ceci, bien que supérieurement enchaîné, est sujet à de grandes objections. On aura toujours un peu de peine à admettre qu'un Turc d'aujourd'hui est plus *civilisé* qu'un Athénien d'autrefois, parce qu'il a une *connaissance confuse du médiateur*. Les systèmes exclusifs, qui mènent à de grandes choses et à de grandes découvertes, ont inévitablement des dangers et des parties faibles.

Les trois termes primitifs étant établis, M. de Bonald les applique au mode social ou moral, parce que ces trois termes renferment en effet l'ordre de l'univers. La *cause*, le *moyen* et l'*effet* deviennent alors pour la société le *pouvoir*, le *ministre* et le *sujet*.

« La société est religieuse ou politique, domestique ou publique.

« L'état purement domestique de la société religieuse s'appelle religion naturelle.

« L'état purement domestique de la société politique s'appelle famille.

« L'accomplissement de la société religieuse a été de faire passer le genre humain au *déisme* ou à la religion *nationale* des Juifs, et de là à la religion *générale* des chrétiens.

« Le perfectionnement de la société politique en Europe a été de faire passer les hommes de l'état domestique à l'état public et fixe des peuples civilisés qui composent la chrétienté. »

Le lecteur doit s'apercevoir ici qu'il a quitté la partie systématique de l'ouvrage de M. de Bonald, et qu'il entre dans une série de principes les plus féconds et les plus nouveaux.

« Dans tous les modes particuliers de la société, le pouvoir *veut* la société, c'est-à-dire sa conservation; le ministre *agit* en exécution de la volonté du pouvoir. Le sujet est *l'objet de la volonté* du pouvoir, et *le terme de l'action* des ministres.

« Le pouvoir *veut*; il doit être un : les ministres agissent; ils doivent être plusieurs. »

Ainsi, M. de Bonald arrive à la base fondamentale de son système politique; base qu'il a été chercher, comme on le voit, jusque dans le sein de Dieu. La monarchie, selon lui, ou l'unité du pouvoir, est le seul gouvernement qui dérive de l'essence des choses et de la souveraineté du Tout-Puissant sur la nature. Toute forme politique qui s'en éloigne ramène plus ou moins l'homme à l'enfance des peuples, ou à la barbarie de la société.

Dans le livre second de son ouvrage, M. de Bonald montre l'application aux états particuliers de la société. Il établit pour la famille, ou la société domestique, les divers rapports entre les maîtres et les domestiques, entre les pères et les enfants. Dans la société publique, il déclare que le pouvoir public doit être, comme le pouvoir domestique, commis à Dieu seul et indépendant des hommes, c'est-à-dire qu'il doit être un, masculin, propriétaire, perpétuel; car, sans unité, sans masculinité, sans propriété, sans perpétuité, il n'y a pas de véritable indépendance. Les attributions du pouvoir, l'état de paix et de guerre, le code des lois, sont examinés par l'auteur. D'accord avec son titre, il se renferme pour tout cela dans les éléments de la législation. Il a senti la nécessité de rappeler les notions les plus simples, lorsque tous les principes ont été bouleversés dans la société.

Dans le traité du *ministère public*, qui suit les deux livres de principes, l'auteur cherche à prouver par l'histoire des temps modernes, et surtout par celle de France, la vérité des principes qu'il a avancés.

« La religion chrétienne, en paraissant au monde, dit-il, appela à son berceau des bergers et des rois; et leurs hommages, les premiers qu'elle reçut, annoncèrent à l'univers qu'elle venait régler les familles et les États, l'homme privé et l'homme public.

« Le combat s'engage entre l'idolâtrie et le christianisme; il fut sanglant. La religion pose les plus généreux athlètes, mais elle triomphe. Jusqu'alors renfermée dans la famille ou la société domestique, elle passe dans l'État; elle devient propriétaire. Aux petites Églises d'Éphèse et de Thessalonique succèdent les grandes Églises des Gaules et de la Germanie. L'État politique se forme avec l'État religieux, ou plutôt est constitué naturellement par lui. Les grandes monarchies de l'Europe se forment avec les grandes Églises; l'Église a son chef, ses ministres, ses fidèles; l'État, son chef, ses ministres, ses féaux ou sujets. Division de juridiction, hiérarchie dans les fonctions, nature des propriétés, tout, jusqu'aux dénominations, devient peu à peu semblable dans le ministère religieux et le ministère politique. L'Église est divisée en métropoles, diocèses, etc.; l'État, en gouvernements ou duchés, districts ou comtés, etc. L'Église a ses ordres religieux, chargés de l'éducation et du dépôt des sciences; l'État a ses ordres militaires, voués à la défense de la religion; partout l'État s'élève avec l'Église, le donjon à côté du clocher, le seigneur ou le magistrat à côté du prêtre; le noble ou le défenseur de l'État vit à la campagne, le religieux habite les déserts. Bientôt le premier ordre s'altère, et s'altère à la fois dans l'ordre politique et religieux. Le noble vient habiter les villes qui s'agrandissent; le prêtre quitte en même temps la solitude. Les propriétés se dénaturent; les invasions des Normands, les changements des races régnantes, les croisades, les guerres des rois contre les vassaux, font passer dans les mains du clergé un grand nombre de fiefs, propriété naturelle et exclusive de l'ordre politique; et dans les mains des nobles, des dîmes ecclésiastiques, propriété naturelle et exclusive de l'ordre clérical; les devoirs suivirent naturellement les propriétés auxquelles ils étaient attachés. Le noble nomma des bénéfices, et quelquefois les rendit héréditaires dans sa famille. Le prêtre institua des juges et leva des soldats, ou même jugea et combattit lui-même; et l'esprit de chaque ordre fut altéré, en même temps que les propriétés furent confondues.

« Enfin l'époque de la grande révolution religieuse arrive; elle est d'abord préparée dans l'Église par l'imprudente institution des ordres mendiants, que la cour de Rome crut devoir opposer au clergé riche et corrompu; mais ces corps deviennent bientôt en France, chez une nation élégante et spirituelle, l'objet des sarcasmes des savants(1). En même temps que Rome avait établi ses milices, l'État avait fondé les siennes. Les croisades, les usurpations de la couronne, ayant appauvri l'ordre des nobles, il fallut avoir recours pour la défense de l'État aux troupes soldées. La force militaire, sous Charles VII, passe au *peuple armé* ou aux troupes soldées; la force judiciaire, sous François Ier, passe au *peuple lettré*, par la vénalité des offices judiciaires. La réformation dans l'Église vient concourir avec les innovations dans l'État. Les simples citoyens avaient pris la place des magistrats, constitués dans les fonctions politiques; les simples fidèles usurpèrent sur les prêtres les fonctions religieuses. Luther attenta au sacerdoce public; Calvin le remplaça dans la famille. Le popularisme entra dans l'État, et le presbytérianisme dans l'Église. Le ministère public passa au peuple en attendant qu'il s'arrogeât le souverain pouvoir, et alors furent proclamés les deux dogmes parallèles et correspondants de la démocratie religieuse et de la démocratie politique : l'un, que l'autorité religieuse est dans le corps des fidèles; l'autre, que la souveraineté politique est dans l'assemblée des citoyens.

Le fleuve Mackenzie.

« Avec le changement dans les principes vient le changement dans les mœurs. Les nobles abandonnent les belles fonctions de juges, pour embrasser uniquement le métier des armes. La licence militaire vient relâcher les nœuds de la morale; les femmes influent sur le ministère public; le luxe s'introduit à la cour et dans les villes; un peuple de citadins remplace une nation agricole; au défaut de considération on veut obtenir des titres; la noblesse est vendue, en même temps que les biens de l'Église sont mis à l'encan; les grands noms s'éteignent, les premières familles de l'État tombent dans la pauvreté; le clergé perd son autorité et sa considération; enfin, le philosophisme, sortant du fond de ce chaos religieux et politique, achève de renverser la morale ébranlée. »

Ce morceau très-remarquable est tiré de la *Théorie du pouvoir politique et religieux*, ouvrage supprimé par le Directoire, et dont il n'est échappé qu'un très-petit nombre d'exemplaires. Il serait à désirer qu'on donnât un résumé de ce livre important, supérieur même à la *Législation primitive*, et dont celui-ci n'est, pour ainsi dire, qu'un extrait. On saurait alors d'où sortent toutes ces idées si neuves en politique, et que des écrivains mettent aujourd'hui en avant, sans indiquer la source où ils les ont puisées.

Au reste, nous avons trouvé partout (et nous nous en faisons gloire), dans l'ouvrage de M. de Bonald, la confirmation des principes littéraires et religieux que nous avons énoncés dans le Gé-

---

(1) Lorsque les ordres mendiants furent établis dans l'Église, peut-on dire que les Français fussent alors une nation ÉLÉGANTE? D'ailleurs l'auteur n'oublie-t-il pas les services innombrables que ces ordres ont rendus à l'humanité? Les premiers savants qui parurent à la renaissance des lettres étaient bien loin de tourner les ordres mendiants en ridicule, puisqu'un grand nombre de ces savants étaient eux-mêmes des religieux. Il nous semble donc que l'auteur confond ici les époques; mais on peut lui accorder qu'il eût été bon de diminuer insensiblement les ordres mendiants, à mesure que l'élégance des mœurs françaises s'est développée.

nie du *Christianisme*. Il va même plus loin que nous à quelques égards; car nous ne nous sentons pas assez d'autorité pour oser dire, comme lui, *qu'il faut prendre aujourd'hui les plus grandes précautions pour n'être pas ridicule en parlant de la mythologie*. Nous croyons qu'un heureux génie peut encore tirer bien des trésors de cette mine féconde; mais nous pensons aussi, et nous avons peut-être été le premier à l'avancer, qu'il y a plus de ressource pour la poésie dramatique dans la religion chrétienne que dans la religion des anciens; que les merveilles sans nombre qui résultent nécessairement pour le poëte de la lutte des passions et d'une religion chaste et inflexible, peuvent compenser amplement la perte des beautés mythologiques. Quand nous n'aurions fait naître qu'un doute sur cette importante question littéraire, sur cette question décidée, en faveur de la Fable, par les plus grandes autorités, ne serait-ce pas avoir obtenu une espèce de victoire(1)?

M. de Bonald s'élève aussi contre ces esprits timides qui, par *respect* pour la religion, laisseraient volontiers la religion périr. Il s'exprime presque dans les mêmes termes que nous :

« Lorsqu'on méconnaît d'un bout de l'Europe à l'autre ces vérités nécessaires à l'ordre social..... serait-il besoin de se justifier devant des esprits timides et des âmes timorées, d'oser soulever un coin du voile qui dérobe ces vérités aux regards inattentifs? et y aurait-il des chrétiens d'une foi assez faible pour penser qu'elles seront moins respectées à mesure qu'elles seront plus connues? »

Au milieu des violentes critiques qui nous ont assailli dès nos premiers pas dans la littérature, nous avouerons qu'il est extrêmement flatteur et consolant pour nous de voir aujourd'hui notre faible travail sanctionné par une opinion aussi grave que celle de M. de Bonald.

Cependant nous prendrons la liberté de lui dire que, dans l'ingénieuse comparaison qu'il fait de son ouvrage au nôtre, il prouve qu'il sait se servir mieux que nous des armes de l'imagination, et que s'il ne les emploie pas plus souvent, c'est qu'il les dédaigne. Il est, quoi qu'il en puisse dire, le savant architecte du temple dont nous ne sommes que l'habile décorateur.

4. Le laboureur donnant asile au proscrit.

On doit beaucoup regretter que M. de Bonald n'ait pas eu le temps ni la fortune nécessaire pour ne faire qu'un seul ouvrage de sa *Théorie du Pouvoir*, de son *Divorce* (1), de sa *Législation primitive*, et de ses divers *Traités de politique*. Mais la Providence, qui dispose de nous, a marqué d'autres devoirs à M. de Bonald; elle a demandé à son cœur le sacrifice de son génie. Cet homme rare et modeste consacre aujourd'hui ses moments à une famille malheureuse, et les soucis paternels lui font oublier les soins de sa gloire.

On fera de lui l'é- loge que l'Écriture fait des patriarches : *Homines divites in virtute, pulchritudinis studium habentes, pacificantes in domibus suis.*

Le génie de M. de Bonald nous semble encore plus profond

(1) Madame de Staël elle-même, dans la préface d'un roman, veut bien nous accorder quelque chose, et convenir que les idées religieuses sont favorables au développement du génie ; cependant elle semble avoir écrit son livre pour combattre ces mêmes idées, et pour prouver qu'il n'y a rien de plus sec que le christianisme, et de plus tendre que la philosophie. A-t-elle atteint ou manqué son but? c'est au public à prononcer. Mais du moins elle a donné de nouvelles preuves d'un esprit distingué et d'une imagination brillante ; et quoiqu'elle essaie de faire valoir des opinions qui glacent et dessèchent le cœur, on sent percer dans tout son ouvrage cette bonté que les systèmes philosophiques n'ont pu altérer, et cette générosité que les malheureux n'ont jamais réclamée en vain.

(1) M. de Fontanes, dans un extrait de cet excellent ouvrage, a placé le premier M. de Bonald au rang qu'il doit occuper dans les lettres.

qu'il n'est haut ; il creuse plus qu'il ne s'élève. Son esprit nous paraît à la fois solide et fin : son imagination n'est pas toujours, comme les imaginations éminemment poétiques, portée par un sentiment vif ou une grande image, mais aussi elle est spirituelle, ingénieuse, ce qui fait qu'elle a plus de calme que de mouvement, plus de lumière que de chaleur. Quant aux sentiments de M. de Bonald, ils respirent partout cet honneur français, cette probité, qui font le caractère dominant des écrivains du siècle de Louis XIV. On sent que ces écrivains ont découvert la vérité, moins encore par la force de leur esprit que par la droiture de leur cœur.

On a si rarement de pareils hommes et de pareils ouvrages à annoncer au public, qu'on nous pardonnera la longueur de cet extrait. Quand les clartés qui brillent encore sur notre horizon littéraire se cachent ou s'éteignent par degrés, on arrête complaisamment ses regards sur une nouvelle lumière qui se lève. Tous ces hommes vieillis glorieusement dans les lettres, ces écrivains depuis longtemps connus, auxquels nous succéderons mais que nous ne remplacerons pas, ont vu des jours plus heureux. Ils ont vécu avec Buffon, Montesquieu et Voltaire ; Voltaire avait connu Boileau ; Boileau avait vu mourir le vieux Corneille ; et Corneille enfant avait peut-être entendu les derniers accents de Malherbe. Cette belle chaîne du génie français s'est brisée. La révolution a creusé un abîme qui a séparé à jamais l'avenir et le passé. Une génération moyenne ne s'est point formée entre les écrivains qui finissent et les écrivains qui commencent. Un seul homme pourtant tient encore le fil de l'antique tradition, et s'élève dans cet intervalle désert. On reconnaîtra sans peine celui que l'amitié n'ose nommer, que l'auteur célèbre, oracle du goût et de la critique, a déjà désigné pour son successeur. Toutefois si les écrivains de l'âge nouveau, dispersés par la tempête, n'ont pu s'instruire auprès des anciennes autorités, s'ils ont été obligés de tirer tout d'eux-mêmes, la solitude et l'adversité ne sont-elles pas aussi de grandes écoles? Compagnons des mêmes infortunes, amis autant d'être auteurs, puissent-ils ne voir jamais renaître parmi eux ces honteuses jalousies qui ont trop souvent déshonoré un art noble et consolateur ! Ils ont encore besoin d'union et de courage ; les lettres seront longtemps orageuses. Elles ont produit la révolution, et elles seront le dernier asile des haines révolutionnaires. Un demi-siècle suffira à peine pour calmer tant de vanités compromises, tant d'amours-propres blessés. Qui peut donc espérer de voir des jours plus sereins pour les Muses? La vie est trop courte, elle ressemble à ces carrières où l'on célébrait les jeux funèbres chez les anciens, et au bout desquelles apparaissait un tombeau.

Ἐσηκεξύγγον ἀυον ὅσον, etc.

« De ce côté, dit Nestor à Antiloque, s'élève de terre le tronc
« dépouillé d'un chêne ; deux pierres le soutiennent dans un
« chemin étroit ; c'est une tombe antique, et la borne marquée à
« votre course. »

SUR LE PRINTEMPS D'UN PROSCRIT,

POEME,

PAR M. J. MICHAUD.

Janvier 1803.

Voltaire a dit : « Ou chantez vos plaisirs, ou laissez vos chansons. » Ne pourrait-on pas dire avec autant de vérité : « Ou chantez vos malheurs, ou laissez vos chansons ? »

Condamné à mort pendant les jours de la Terreur, obligé de fuir une seconde fois après le 18 fructidor, l'auteur du *Printemps d'un proscrit* est reçu, par des cœurs hospitaliers, dans les montagnes du Jura, et trouve dans le tableau de la nature à la fois de quoi consoler et nourrir ses regrets.

Lorsque la main de la Providence nous éloigne du commerce des hommes, nos yeux moins distraits se fixent sur le spectacle de la création, et nous y découvrons des merveilles que nous n'aurions jamais soupçonnées. Du fond de la solitude on contemple les tempêtes du monde comme un homme jeté sur une île déserte se plaît, par une secrète mélancolie, à voir les flots se briser sur les côtes où il fit naufrage. Après la perte de nos amis, si nous ne succombons pas à la douleur, notre cœur se replie sur lui-même, il forme le projet de se détacher de tout autre sentiment, et de vivre uniquement avec ses souvenirs. Nous sommes alors moins propres à la société, mais notre sensibilité se développe aussi davantage. Que celui qui est abattu par le chagrin s'enfonce dans l'épaisseur des forêts ; qu'il erre sous leur voûte mobile ; qu'il gravisse la montagne d'où l'on découvre des pays immenses, ou le soleil se levant sur les mers ; sa douleur ne tiendra point contre un tel spectacle : non qu'il oublie ceux qu'il aima (car alors qui ne craindrait d'être consolé?) ; mais le souvenir de ses amis se confondra avec le calme des bois et des cieux ; il gardera sa douceur, et ne perdra que son amertume. Heureux ceux qui aiment la nature! ils la trouveront, et ne trouveront qu'elle, au jour de l'adversité (1).

Ces réflexions nous ont été fournies par l'ouvrage aimable que nous annonçons. Ce n'est point un poëte qui cherche seulement la pompe et la perfection de l'art ; c'est un infortuné qui s'entretient avec lui-même, et qui touche la lyre pour rendre l'expression de sa douleur plus harmonieuse ; c'est un proscrit qui dit à son livre, comme Ovide au sien :

« Mon livre, vous irez à Rome, et vous irez à Rome sans
« moi ! .... Hélas ! que n'est-il permis à votre maître d'y aller
« lui-même ! Partez, mais sans appareil, comme il convient au
« livre d'un poëte exilé. »

L'ouvrage, divisé en trois chants, s'ouvre par une description des premiers beaux jours de l'année. L'auteur compare la tranquillité des campagnes à la terreur qui régnait alors dans les villes ; il peint le laboureur donnant asile à des proscrits :

. . . .
Dans cet âge de fer, ami des malheureux,
Il pleure sur leurs maux, console leur misère,
Et comme à ses enfants leur ouvre sa chaumière.
Les bois qu'il a plantés, sous leurs rameaux discrets
Dérobent aux méchants les heureux qu'il a faits.
Le pâle fugitif y cache ses alarmes ;
Et, loin des factions, loin du fracas des armes,
Pleure en paix sur les maux de l'Etat ébranlé.

La religion, persécutée dans les villes, trouve à son tour un asile dans les forêts, bien qu'elle y ait aussi perdu ses autels et ses temples.

Quelquefois le hameau, que rassemble un saint zèle,
Au Dieu dont il chérit la bonté paternelle
Vient, au milieu des nuits, offrir, au lieu d'encens,
Les vœux de l'innocence et les fleurs du printemps.
L'écho redit aux bois leur timide prière.

Hélas ! qu'est devenu l'antique presbytère,
Cette croix, ce clocher élancé dans les cieux,
Et du temple sacré l'airain religieux,
Et le saint du hameau, dont le vitreau gothique
Montrait d'éclat pieux et l'image rustique?
Ces murs, où de Dieu même on proclamait les lois,
D'un pasteur révéré n'entendent plus la voix.

Ces vers sont naturels et faciles ; quant aux sentiments du poëte, ils sont doux et pieux, et se mêlent bien aux objets dont il compose le fond de son tableau. Nos églises donnent à nos

(1) Ce paragraphe est emprunté de l'*Essai historique*.

hameaux et à nos villes un caractère singulièrement moral. Les yeux du voyageur viennent d'abord s'attacher sur la flèche religieuse de nos clochers, dont l'aspect réveille dans son sein une foule de sentiments et de souvenirs. C'est la pyramide funèbre autour de laquelle dorment les aïeux ; mais c'est aussi le monument de joie où la cloche annonce la vie du fidèle. C'est là que les époux s'unissent ; c'est là que les chrétiens se prosternent au pied des autels : le faible pour prier le Dieu de force, le coupable pour implorer le Dieu de miséricorde, l'innocent pour chanter le Dieu de bonté. Un paysage paraît-il nu, triste et désert, placez-y un clocher champêtre, à l'instant tout va s'animer : les douces idées de *pasteur* et de *troupeau*, d'asile pour le voyageur, d'aumône pour le pèlerin, d'hospitalité et de fraternité chrétienne, vont naître de toutes parts.

Un curé de campagne frappé d'une loi de mort, ne voulant pas abandonner son troupeau, et allant la nuit consoler le laboureur, était un tableau qui devait naturellement s'offrir à un poëte proscrit :

> Il erre au sein des bois : ô nuit silencieuse !
> Prête ton ombre amie à sa course pieuse.
> S'il doit souffrir encore, ô Dieu ! sois son appui ;
> C'est la voix du hameau qui t'implore pour lui.
> Et vous, qu'anime encore une rage cruelle,
> Pardonnez aux vertus dont il est le modèle.
> Aux cachots échappé, vingt fois chargé de fers,
> Il prêche le pardon des maux qu'il a soufferts ;
> Et chez l'infortuné qui se plaît à l'entendre,
> Il va sécher les pleurs que vous faites répandre.
> En fuyant à travers ces fertiles vallons,
> Pauvre et sans espérance il bénit les sillons ;
> Soul au courroux céleste il s'offre pour victime ;
> Et dans ce siècle impie où règne en paix le crime,
> Lorsqu'un destin cruel nous condamne à souffrir,
> Il nous apprend à **vivre**, et nous aide à **mourir**.

Il nous semble que ces vers sont pleins de simplicité et d'onction. Nous sommes-nous donc beaucoup trompé lorsque nous avons soutenu que la religion est favorable à la poésie, et qu'en la repoussant on se prive d'un des plus grands moyens de remuer les cœurs ?

L'auteur, caché dans son désert, se rappelle les amis qu'il ne verra plus.

> Oh ! que ne puis-je voir dans mon humble retraite
> Du poëte romain l'immortel interprète !
> C'est lui qui m'inspira le goût si pur des champs ;
> Aux spectacles que j'aime il consacra ses chants,
> Mariant son génie à celui de Virgile,
> Il s'éleva, semblable à la vigne fertile,
> Qui s'unit à l'ormeau devenu son appui,
> Suit les mêmes penchants, et s'élève avec lui.
> Il n'est plus avec nous, et sa muse exilée
> Erre sur d'autres bords, plaintive et désolée (1).
> . . . .
> O chantre du malheur, je ne t'entendrai plus !
> Et vous dont j'admirais les talents, les vertus,
> Près de vous aux leçons de l'austère sagesse
> Je perds l'espoir heureux de former ma jeunesse ;
> Fontanes, dont la voix consola les tombeaux ;
> Saint-Lambert, qui chantas les vertus des hameaux ;
> Morellet, dont la plume éloquente et hardie
> Plaida pour le malheur devant la tyrannie ;
> Suard, qui réunis, émule d'Addison,
> Le savoir à l'esprit, la grâce à la raison ;
> La Harpe, qui du goût proclamas les oracles ;
> Sicard, dont les travaux sont presque des miracles ;
> Jussieu, Laplace, et toi, vertueux Daubenton,
> Qui m'appris des secrets inconnus à Buffon ;
> Je ne vous verrai plus !

Ces regrets sont touchants, et les éloges que l'auteur donne ici

(1) M. Delille était alors en Angleterre.

à ses amis ont le mérite bien rare d'être d'accord avec l'opinion publique : d'ailleurs, tout cela nous semble dans le goût de l'antiquité. N'est-ce pas ainsi que le poëte latin que nous avons déjà cité s'adresse aux amis qu'il a laissés à Rome ? « Il y a, dit Ovide, « dans le pays natal, je ne sais quoi de doux qui nous appelle, « qui nous charme, et ne nous permet pas de l'oublier... Vous « espérez, cher Rufin, que les chagrins qui me tuent céderont « aux consolations que vous m'envoyez dans mon exil ; com- « mencez donc, ô mes amis ! à être moins aimables, afin qu'on « puisse vivre sans vous avec moins de peine. »

Hélas ! en lisant le nom de M. de La Harpe dans les vers de M. Michaud, qui ne se sentirait attendri ? A peine avons-nous retrouvé les personnes qui nous sont chères, qu'il faut encore, et pour toujours, nous séparer d'elles ! Nul ne comprend mieux que nous toute l'étendue du malheur qui menace, en ce moment, les lettres et la religion. Nous avons vu M. de La Harpe abattu, comme Ézéchias, sous la main de Dieu ; il n'y a qu'une foi vive et une sainte espérance qui puissent donner une résignation aussi parfaite, un courage aussi grand, des pensées aussi hautes et aussi touchantes, au milieu des douleurs d'une lente agonie et des épreuves de la mort.

Les poëtes aiment à peindre les malheurs de l'exil, si féconds en sentiments tendres et tristes. Ils ont chanté Patrocle réfugié aux foyers d'Achille, Cadmus abandonnant les murs de Sidon, Tydée retiré chez Adraste, et Teucer trouvant un abri dans l'île de Vénus. Le cœur, dans *Iphigénie en Tauride*, voudrait pouvoir traverser les airs : « J'arrêterais mon vol sur la maison pa- « ternelle ; je reverrais ces lieux si chers à mon souvenir, où, « sous les yeux d'une mère, je célébrais un innocent hymen. » Eh ! qui ne connaît le *Dulces moriens reminiscitur Argos* ? Qui ne se rappelle Ulysse errant loin de sa patrie, et désirant, pour tout bonheur, d'apercevoir seulement la fumée de son palais ? Mercure le trouve assis tristement sur le rivage de l'île de Calypso : *il regardait, en versant des pleurs, cette mer éternellement agitée* (irrequietum).

Πόντον ἐπ' ἀτρύγετον δερκέσκετο, δάκρυα λείβων.

Vers admirable, que Virgile a traduit en l'appliquant aux Troyennes exilées :

> . . . . Cunctæque profundum
> Pontum aspectabant flentes.

Ce *flentes* rejeté à la fin de la phrase est bien beau ! Ossian a peint avec des couleurs différentes, mais qui ont au si beaucoup de charmes, une jeune femme morte loin de son pays, dans une terre étrangère :

« There lovely Moina is often seen when thee sunbeam darts on « the rock, and all around is dark. There she is seen, Malvina, « but not like the daughters of the hill. Her robes are from the « stranger's land, and she is still alone. »

« Quand un rayon du soleil frappe le rocher, et que tout est « obscur alentour, c'est là (au tombeau de Carthon et de Cles- « samor) qu'on voit souvent l'ombre de la charmante Moïna : « on l'y voit souvent, ô Malvina ! mais non telle que les filles « de la colline. Ses vêtements sont du pays de l'étranger, et elle « est encore solitaire. »

On devine, par la douceur des plaintes de l'auteur du poëme du *Printemps*, qu'il avait *ce mal du pays* qui attaque surtout les Français loin de leur patrie. Monime, au milieu des Barbares, ne pouvait oublier le *doux sein de la Grèce*. Les médecins ont appelé cette tristesse de l'âme *nostalgie*, de deux mots grecs, νόστος, retour, et ἄλγος, douleur, parce qu'on ne peut la guérir qu'en retournant aux foyers paternels. Eh ! comment M. Michaud, qui sait faire soupirer sa lyre, n'eût-il pas puisé de la sensibilité dans un sujet que Gresset lui-même n'a pu chanter sans attendrir? Dans son ode sur l'*Amour de la Patrie*, on trouve cette strophe touchante :

> Ah! dans sa course déplorée,
> S'il succombe au dernier sommeil
> Sans revoir la douce contrée
> Où brilla son premier soleil;
> Là son dernier soupir s'adresse,
> Là son expirante tendresse
> Veut que ses os soient ramenés :
> D'une région étrangère
> La terre serait moins légère
> A ses mânes abandonnés!

Au milieu des douces consolations que la retraite fournit à notre poëte exilé, il s'écrie :

> O beaux jours du printemps! ô vallons enchantés!
> Quel chef-d'œuvre des arts égale vos beautés?
> Tout Voltaire vaut-il un rayon de l'aurore,
> Ou la moindre des fleurs que Zéphyr fait éclore?

Mais, Voltaire (dont nous détestons d'ailleurs les impiétés tout autant que M. Michaud) n'exprime-t-il pas quelquefois des sentiments aimables (1)? N'a-t-il pas connu jusqu'à ces doux regrets de la patrie? « Je vous écris à côté d'un poële, dit-il à madame « Denis, la tête pesante et le cœur triste, en jetant les yeux sur « la rivière de la Sprée, parce que la Sprée tombe dans l'Elbe, « l'Elbe dans la mer, et que la mer reçoit la Seine, et que notre « maison de Paris est assez près de cette rivière. »

On dit qu'un Français, obligé de fuir pendant la Terreur, avait acheté de quelques deniers une barque sur le Rhin. Il s'y était logé avec sa femme et ses deux enfants. N'ayant point d'argent, il n'y avait point pour lui d'hospitalité. Quand on le chassait d'un rivage, il passait sans se plaindre à l'autre bord; souvent poursuivi sur les deux rives, il était obligé de jeter l'ancre au milieu du fleuve. Il pêchait pour nourrir sa famille, mais les hommes lui disputaient encore les secours de la Providence, et lui enviaient quelques petits poissons qu'avaient mangés ses enfants. La nuit, il cueillait des herbes sèches, pour faire un peu de feu; et sa femme demeurait dans de mortelles angoisses jusqu'à son retour. Cette famille, à qui l'on ne pouvait reprocher que ses malheurs, n'avait pas sur le vaste globe un seul coin de terre où elle osât reposer sa tête. Obligée de se faire sauvage entre quatre grandes nations civilisées, toute sa consolation était qu'en errant dans le voisinage de la France, elle pouvait quelquefois respirer un air qui avait passé sur son pays (2).

M. Michaud errait ainsi sur les montagnes, d'où il pouvait du moins découvrir la cime des arbres de la patrie. Mais comment passer le temps sur un sol étranger? comment occuper ses journées? N'est-il pas tout naturel alors d'aller visiter ces tombeaux champêtres où, pleines de joie, des âmes chrétiennes ont terminé leur exil? C'est ce que fait l'auteur du poëme du *Printemps*; et, grâce à la saison qu'il a choisie, l'asile de la mort est un beau champ couvert de fleurs.

> Sous ces débris couverts d'une mousse légère,
> Sous cet antique ormeau dont l'abri solitaire
> Répand sur l'horizon un deuil religieux,
> Reposent du hameau les rustiques aïeux.
> Bravant les vains mépris de la foule insensée,
> Jamais l'ambition ne troubla leur pensée.
> Peut-être en ce cercueil, d'humbles fleurs entouré,
> Dort un fils d'Apollon, d'Apollon ignoré,
> Un héros dont le bras eût fixé la victoire,
> Qui n'a point su combattre, et qui mourut sans gloire;
> Un Cromwell, un Sylla, du hameau dédaigné,
> Qui respecta les lois et qui n'a point régné.
> Ainsi la fleur qui naît sur les monts solitaires

(1) M. Michaud a depuis corrigé ce passage.
(2) Ce morceau est emprunté du *Génie du Christianisme*.

> Ne montre qu'au désert ses couleurs passagères;
> Et l'or, roi des métaux, caché en des souterrains
> Son éclat trop funeste au repos des humains.

Peut-être l'auteur eût-il mieux fait de se rapprocher davantage du poëte anglais qu'il imite. Il a substitué l'image de l'or enfoui dans les entrailles de la terre, à celle de la *perle cachée dans le sein des mers*; la fleur qui ne *montre qu'au désert ses couleurs passagères* n'est peut-être pas exactement *la fleur qui est née pour rougir sans être vue* (is born to blush unseen (1).

> Full many a gem of purest ray serene,
> The dark unfathom'd caves of ocean bear;
> Full many a flower is born to blush unseen,
> And waste its sweetness in the desert air.

Nous avions essayé autrefois de rendre ainsi ces quatre vers, qu'on doit juger avec indulgence, car nous ne sommes pas poëte :

> Ainsi brille la perle au fond des vastes mers;
> Ainsi passent aux champs des roses solitaires
> Qu'on ne voit point rougir, et qui, loin des bergères,
> D'inutiles parfums embaument les déserts.

La vue de ces paisibles tombeaux rappelle au poëte ces sépulcres troublés où dormaient ces *princes anéantis* (2). Leurs monuments ne devaient s'ouvrir qu'à la consommation des siècles; mais un jugement particulier de la Providence a voulu les briser avant la fin des temps.

Une effroyable résurrection a dépeuplé les caveaux funèbres de Saint-Denis; les fantômes des rois sont sortis de l'ombre éternelle; mais, comme s'ils avaient été épouvantés de reparaître seuls à la lumière, de ne pas *se retrouver dans le monde avec tous les morts*, comme parle le prophète, ils se sont replongés dans le sépulcre :

> Et ces rois exhumés par la main des bourreaux,
> Sont descendus deux fois dans la nuit des tombeaux.

On voit par ces beaux vers que M. Michaud sait prendre tous les tons.

C'est sans doute une chose bien remarquable que quelques-uns de ces spectres, noircis par le cercueil (3), eussent conservé une telle ressemblance avec la vie, qu'on les a facilement reconnus. On a pu distinguer sur leur front jusqu'aux caractères des passions, jusqu'aux nuances des idées qui les avaient jadis occupés. Qu'est-ce donc que cette *pensée* de l'homme, qui laisse des traces si profondes jusque dans la poudre du néant? Puisque nous parlons de poésie, qu'il nous soit permis d'emprunter une comparaison d'un poëte : Milton nous dit qu'après avoir achevé le monde, le Fils divin se rejoignit à son Principe éternel, et que sa route à travers la matière créée fut marquée longtemps après par un sillon de lumière : ainsi notre âme, en rentrant dans le sein de Dieu, laisse dans le corps mortel la trace glorieuse de son passage.

On doit louer M. Michaud d'avoir fait usage de ces contrastes qui réveillent l'imagination des lecteurs. Les anciens les employaient souvent, même dans la tragédie. Le chœur de soldats veille à la garde du camp des Troyens; la nuit fatale à Rhésus vient à peine de finir sa course. Dans ce moment critique croyez-vous que les gardes parlent de combats, de surprises; qu'ils se retracent des images terribles? Voici ce que dit le demi-chœur :

« Écoutez! ces accents sont ceux de Philomèle qui, sur mille « tons variés, déplore ses malheurs et sa propre vengeance. Les « rives sanglantes du Simoïs répètent ses accents plaintifs. J'en-

(1) M. Michaud a depuis rectifié ces deux vers de la manière suivante :

« Ainsi, vain ornement d'une rive inconnue,
« La rose du désert rougit sans être vue, etc. »

(2) BOSSUET. — (3) Le visage de Louis XIV était d'un noir d'ébène.

« tends le son de la cornemuse ; c'est l'heure où les bergers de
« l'Ida sortent pour paître leurs troupeaux dans les riants val-
« lons. Un nuage se répand sur mes paupières appesanties ; une
« douce langueur s'empare de mes sens : le sommeil versé par
« l'aurore est le plus délicieux. »

Avouons que nous n'avons pas assez de ces choses-là dans nos tragédies modernes, toutes parfaites qu'elles puissent être ; et soyons assez justes pour convenir que Shakespeare a quelquefois trouvé ce naturel de sentiment et cette naïveté d'images. Ce chœur d'Euripide rappellera facilement au lecteur le dialogue de Roméo et de Juliette : *Est-ce l'alouette qui chante, etc.?*
Mais si nous avons banni de la scène tragique ces peintures pastorales qui, en adoucissant la *terreur*, augmentaient la *pitié*, parce qu'elles faisaient *sourire sur un fond d'agonie*, comme s'exprime Fénelon, nous les avons transportées ces peintures (et avec beaucoup de succès), dans des ouvrages d'un autre genre. Les modernes ont étendu et enrichi le domaine de la poésie descriptive. M. Michaud lui-même en fournit de beaux exemples :

De la cime des monts, tout prêt à disparaître
Le jour sourit encore aux fleurs qu'il a fait naître.
Sur ces toits élevés, d'un ciel tranquille et pur
L'ardoise fait au loin étinceler l'azur ;
Et le vitreau qui brille à la rive lointaine,
D'un vaste embrasement allumé dans la plaine,
Montre aux regards trompés les feux éblouissants,
Et ranime du jour les rayons pâlissants.

Le chantre du printemps, à ces vallons fidèle,
Charme l'écho du soir de sa plainte nouvelle ;

Et, caché dans les bois, dans les bosquets touffus,
Il chante des malheurs aux Muses inconnus.
Tandis que la forêt, à sa voix attentive,
Redit ses doux accents et sa chanson plaintive,
Au buisson épineux, au tronc des vieux ormeaux
La muette Arachné suspend ses longs réseaux.
Un reste de clarté perce encor le feuillage,
Glisse sur l'eau du fleuve et meurt sur le rivage.
L'insecte qu'un soleil voit naître et voit périr
Aux derniers feux du jour vient briller et mourir.
La caille, comme moi sur ces bords étrangère,
Fait retentir les champs de sa voix printanière.
Sorti de son terrier, le lapin imprudent
Vient tomber sous les coups du chasseur qui l'attend ;
Et, par l'ombre du soir la perdrix rassurée,
Redemande aux échos sa compagne égarée.

C'est ici le lieu de parler d'un reproche que M. Michaud nous a fait dans sa dissertation préliminaire ; il combat avec autant de goût que de politesse notre opinion touchant la poésie descriptive. « L'auteur du *Génie du Christianisme*, dit-il, attribue *l'origine* « de la poésie descriptive à la religion chrétienne… qui, en dé-
« truisant le charme attaché aux fables mythologiques, a réduit
« les poètes à chercher la source de l'intérêt dans la vérité et
« l'exactitude de leurs tableaux, etc. »
L'auteur du poème du *Printemps* pense que nous nous sommes trompé.
D'abord nous n'avons point attribué *l'origine* de la poésie descriptive au christianisme ; nous lui avons seulement attribué son *développement*, ce qui nous semble une chose fort différente. De plus, nous n'avons eu garde de dire que le christianisme détruit le *charme* des fables mythologiques ; nous avons cherché à prouver au contraire que tout ce qu'il y a de beau dans la mythologie, tel, par exemple, que les *allégories morales*, peut être encore employé par un poète chrétien, et que la véritable religion n'a privé les muses que des fictions médiocres ou dégoûtantes du paganisme. La perte des *allégories physiques* est-elle donc si regrettable? qu'importe que Jupiter soit l'éther, que Junon soit l'air, etc.? Mais puisqu'un critique (1) dont les jugements sont des

(1) M. DE FONTANES.

lois a cru devoir aussi combattre notre opinion sur l'emploi de la mythologie, qu'on nous permette de rappeler le chapitre qui fait l'objet de la discussion.
Après avoir montré que les anciens n'ont presque pas connu la *poésie descriptive* dans le *sens* que nous attachons à ce mot ; qu'après avoir fait voir que ni leurs poëtes, ni leurs philosophes, ni leurs naturalistes, ni leurs historiens n'ont fait de descriptions de la nature, nous ajoutons :
« On ne peut guère soupçonner que des hommes aussi sensibles que l'étaient les anciens aient manqué d'yeux pour voir la nature, et de talent pour la peindre. Il faut donc qu'une cause puissante les ait aveuglés. Or, cette cause était la mythologie, qui, peuplant l'univers d'élégants fantômes, ôtait à la création sa gravité, sa grandeur, sa solitude et sa mélancolie. Il a fallu que le christianisme vînt chasser tout ce peuple de faunes, de satyres et de nymphes, pour rendre aux grottes leur silence, et aux bois leur rêverie. Les déserts ont pris, sous notre culte, un caractère plus triste, plus vague, plus sublime ; le dôme des forêts s'est exhaussé, les fleuves ont brisé leurs petites urnes, pour ne plus verser que les eaux de l'abîme, du sommet des montagnes. Le vrai Dieu, en rentrant dans ses œuvres, a donné son immensité à la nature…
« Des sylvains et des naïades peuvent flatter agréablement l'imagination, pourvu toutefois qu'ils ne soient pas sans cesse reproduits. Nous ne voulons point

... Chasser les Tritons de l'empire des eaux,
Ôter à Pan sa flûte, aux Parques leurs ciseaux.

« Mais enfin, qu'est-ce que tout cela laisse au fond de l'âme? qu'en résulte-t-il pour le cœur? quel fruit peut en tirer la pensée? Oh! que le poète chrétien est bien plus favorisé dans la solitude où Dieu se promène avec lui ! Libres de ce troupeau de dieux ridicules qui les bornaient de toutes parts, les bois se sont remplis d'une Divinité immense. Le don de prophétie et de sagesse, le mystère et la religion, semblent résider éternellement dans leurs profondeurs sacrées. Pénétrez dans ces forêts américaines aussi vieilles que le monde, etc., etc. »
Le principe étant ainsi posé, il nous semble qu'il est du moins inattaquable par le fond ; mais on peut disputer sur quelques détails. On demandera peut-être si nous ne trouvons rien de beau dans les allégories antiques. Nous avons répondu à cette question dans le chapitre où nous distinguons deux sortes d'allégories, l'allégorie morale et l'allégorie *physique*. M. de Fontanes nous a objecté que les anciens connaissaient aussi cette divinité solitaire et formidable qui habite les bois. Mais n'en étions-nous pas convenu nous-même? n'avions-nous pas dit : « Quant à ces dieux
« inconnus que les anciens plaçaient dans les bois déserts et sur
« les sites sauvages, ils étaient d'un bel effet sans doute, mais ils
« ne tenaient plus au système *mythologique* : l'esprit humain
« retombait ici dans la *religion naturelle*. Ce que le voyageur
« tremblant adorait en passant dans les solitudes était quelque
« chose d'*ignoré*, quelque chose dont il ne savait point le nom,
« et qu'il appelait *la divinité du lieu*. Quelquefois il lui donnait
« le nom de *Pan*, et l'on sait que Pan était le *dieu universel*. Les
« grandes émotions qu'inspire la nature sauvage n'ont point cessé
« d'exister, et ces bois conservent encore pour nous leur formi-
« dable divinité (1). »
L'excellent critique que nous avons déjà cité soutient encore qu'il y a des peuples païens qui ont connu la poésie descriptive. Sans doute, et nous avions fait valoir cette circonstance même en faveur de notre opinion, puisque les nations qui n'ont point connu les dieux de la Grèce ont entrevu cette belle et simple nature que masquait le système mythologique.
On dit que les modernes ont abusé de la poésie descriptive. Avons-nous avancé le contraire? Telles sont encore nos propres paroles : « On nous objectera peut-être que les anciens avaient

(1) *Génie du Christianisme*, liv. IV.

« raison de regarder la poésie descriptive comme la partie né-
« cessaire, et non comme l'objet principal du tableau ; nous le
« pensons aussi, et l'on fait de nos jours un grand abus du genre
« descriptif. Mais l'abus n'est pas la chose ; mais il n'en est pas
« moins vrai que la poésie descriptive, telle que nous l'avons
« aujourd'hui, est un moyen de plus entre nos mains, et qu'elle
« a étendu la sphère des images poétiques sans nous priver de la
« peinture des mœurs et des passions, telle que cette peinture
« existait pour les anciens (1). »

Enfin M. Michaud pense que le genre de *poésie descriptive*, *tel qu'il est aujourd'hui fixé, n'a commencé à être un genre à part que dans le siècle dernier*. Mais est-ce bien là le fond de la question ? cela prouverait-il que la poésie descriptive n'est pas due à la religion chrétienne? est-il bien certain d'ailleurs que cette poésie ne remonte qu'au siècle dernier ? Dans notre chapitre intitulé, *Partie historique de la poésie descriptive chez les modernes*, nous avons suivi les progrès de cette poésie ; nous l'avons vue commencer dans les écrits des Pères du désert ; de là se répandre jusque dans l'histoire, passer chez les romanciers et les poëtes du Bas-Empire ; bientôt se mêler au génie des Maures, et atteindre, sous le pinceau de l'Arioste et du Tasse, un genre de perfection trop éloigné de la vérité. Nos grands écrivains du siècle de Louis XIV rejetèrent cette poésie descriptive italienne, qui ne parlait que de *roses*, de *claire fontaine* et de *bois touffus*. Les Anglais, en l'adoptant, lui firent perdre son afféterie, mais ils la jetèrent dans un autre excès, en la surchargeant de détails. Enfin, elle revint en France dans le siècle dernier, se perfectionna sous la muse de MM. Delille, Saint-Lambert et Fontanes, et acquit dans la prose de Buffon et de Bernardin de Saint-Pierre une beauté qu'elle n'avait point encore connue.

Nous n'en jugerons pas par notre propre sentiment, car il est trop peu de chose, et nous n'avons pas même, comme Chaulieu, *pour le lendemain*,

Un peu de savoir-faire et beaucoup d'espérance :

mais nous en appellerons à M. Michaud lui-même. Eût-il rempli ses vers de tant d'agréables descriptions de la nature, si le christianisme n'avait pris soin de débarrasser les bois des vieilles Dryades et des éternels Zéphyrs? L'auteur du poëme du *Printemps* n'aurait-il point été séduit par ses propres succès ! Il a fait un usage charmant dans ses lettres *sur le sentiment de la pitié*, et l'on sait que Pygmalion adora sa statue. « Psyché, « dit M. Michaud, voulut voir l'Amour ; elle approcha la lampe « fatale, et l'Amour disparut pour toujours. Psyché signifie *âme* « dans la langue grecque. L'antiquité a voulu prouver, par « cette allégorie, que l'âme voyait s'évanouir ses plus doux sen- « timents à mesure qu'elle cherchait à en pénétrer l'objet. » Cette explication est ingénieuse ; mais l'antiquité a-t-elle vu cela dans la fable de Psyché? Nous avons essayé de prouver que le charme du mystère, dans les sentiments de la vie, est un des bienfaits que nous devons à la délicatesse de notre religion. Si l'antiquité païenne a conçu la fable de Psyché, il nous semble que c'est un chrétien qui l'interprète aujourd'hui.

Il y a plus : le christianisme, en bannissant les fables de la nature, a non-seulement rendu la grandeur aux déserts, mais il a même introduit pour le poëte une autre espèce de mythologie pleine de charmes, nous voulons dire la *personnification* des plantes. Lorsque l'héliotrope était toujours Clytie, le mûrier toujours Thysbé, etc., l'imagination du poëte était nécessairement bornée ; il n'aurait pu animer la nature par des fictions autres que les fictions consacrées, sans commettre une impiété. Mais la muse moderne transforme à son gré toutes les plantes en nymphes, sans préjudice des anges et des esprits célestes qu'elle peut répandre sur les montagnes, le long des fleuves et dans les forêts. Sans doute il est possible d'abuser encore de la personni-

(1) *Génie du Christianisme*, liv. IV, note 16.

fication, et M. Michaud se moque avec raison du poëte Darwin, qui, dans ses *Amours des plantes*, représente le Genista, le genêt, *se promenant tranquillement à l'ombre des bosquets de myrte*. Mais si l'auteur anglais est un de ces poëtes dont parle Horace, *qui sont condamnés à faire des vers pour avoir déshonoré* (MINXE- RIT) *les cendres de leurs pères*, cela ne prouve rien quant au fond de la chose. Qu'un autre poëte, avec plus de goût et de jugement, décrive *les Amours des plantes*, elles lui offriront d'agréables tableaux. Lorsque dans les chapitres que M. Michaud attaque nous avons dit :

« Voyez dans un profond calme, au lever de l'aurore, toutes « les fleurs de cette vallée : immobiles sur leurs tiges, elles se « penchent en mille attitudes diverses, et semblent regarder tous « les points de l'horizon. Dans ce moment même, où vous « croyez que tout est tranquille, un grand mystère s'accomplit; « la nature conçoit, et ces plantes sont autant de jeunes mères « tournées vers la région mystérieuse d'où leur doit venir la fé- « condité. Les sylphes ont des sympathies moins aériennes, des « communications moins invisibles. Le narcisse livre aux ruis- « seaux sa race virginale ; la violette confie aux zéphyrs sa mo- « deste postérité ; une abeille cueille du miel de fleurs en fleurs, « et, sans le savoir, féconde toute une prairie; un papillon porte « un peuple entier sur son aile; un monde descend dans une « goutte de rosée. Cependant toutes les amours des plantes ne « sont pas également tranquilles : il y en a d'orageuses, comme « celles des hommes. Il faut des tempêtes pour marier, sur des « hauteurs inaccessibles, le cèdre du Liban au cèdre du Sinaï, « tandis qu'au bas de la montagne le plus doux vent suffit pour « établir entre les fleurs un commerce de volupté. N'est-ce pas « ainsi que le souffle des passions agite les rois de la forêt sur leurs « trônes, tandis que les bergers vivent heureux à leurs pieds ? »

Cela est bien imparfait sans doute ; mais du moins on entrevoit, par cette faible ébauche, ce qu'un poëte habile pourrait tirer d'un pareil sujet.

Ce sont vraisemblablement ces rapports des choses inanimées aux choses animées qui ont été une des premières sources de la mythologie. Lorsque l'homme sauvage, errant au milieu des bois, eut satisfait aux premiers besoins de la vie, il sentit un autre besoin dans son cœur, celui d'une puissance surnaturelle pour appuyer sa faiblesse. La chute d'une onde, le murmure du vent solitaire, tous les bruits qui s'élèvent de la nature, tous les mouvements qui animent les déserts, lui parurent tenir à une cause cachée. Le hasard lia ces effets locaux à quelques circonstances heureuses ou malheureuses de ses chasses. Une couleur particulière, un objet singulier ou nouveau le frappa même d'effroi ; en même temps : de là le *manitou* du Canadien et le *fétiche* du nègre, la première de toutes les mythologies.

Cet élément des fausses croyances une fois développé, on vit s'ouvrir la vaste carrière des superstitions humaines. Les affections du cœur se changèrent bientôt en divinités d'autant plus dangereuses qu'elles étaient plus aimables. Le Sauvage qui avait élevé le *mont* du tombeau à son ami, la mère qui avait rendu à la terre son petit enfant, vinrent chaque année, à la chute des feuilles, le premier répandre des larmes, la seconde épancher son lait sur le gazon sacré ; tous les deux crurent que ces *absents* si regrettés, toujours vivants dans leurs pensées, ne pouvaient avoir cessé d'être. Ce fut sans doute l'Amitié en pleurs sur un monument qui retrouva le dogme de l'immortalité de l'âme, et proclama la religion des tombeaux.

Cependant l'homme sorti des forêts s'était associé à ses semblables. Bientôt la reconnaissance ou la frayeur des peuples plaça des législateurs, des héros et des rois au rang des divinités. En même temps quelques génies aimés du ciel, un Orphée, un Homère, augmentèrent les habitants de l'Olympe; sous leurs pinceaux créateurs, les accidents de la nature se transformèrent en esprits célestes. Ces nouveaux dieux régnèrent long temps sur l'imagination enchantée des hommes : Anaxagore, Démocrite, Épicure, essayèrent toutefois de lever l'étendard contre la religion de leur pays. Mais (triste enchaînement des erreurs humaines!) Jupiter était sans doute un dieu abominable, et pourtant des atomes mouvants, une matière éternelle valaient-ils mieux que Jupiter armé de la foudre, et vengeur du crime?

C'était à la religion chrétienne qu'il était réservé de renverser les autels des faux dieux sans plonger les peuples dans l'athéisme, et sans détruire les charmes de la nature. Car fût-il certain, comme il est douteux, que le christianisme ne puisse fournir aux poëtes un *merveilleux* aussi riche que celui de la Fable, encore est-il vrai (et M. Michaud en conviendra) qu'il a une certaine poésie de l'âme, nous dirions presque une imagination du cœur, dont on ne trouve aucune trace dans la mythologie. Les beautés touchantes qui émanent de cette source feraient seules une ample compensation pour les ingénieux mensonges de l'antiquité. Tout est machine et ressort, tout est extérieur, tout est fait pour les yeux, dans les tableaux du paganisme; tout est sentiment et pensée, tout est intérieur, tout est créé pour l'âme, dans les peintures de la religion chrétienne. Quel charme de méditation! quelle profondeur de rêverie! Il y a plus d'enchantements dans une de ces larmes divines que le christianisme fait répandre, que dans toutes les riantes erreurs de la mythologie. Avec une *Notre-Dame des Douleurs*, une *Mère de Pitié*, quelque saint obscur, patron de l'aveugle, de l'orphelin, du misérable, un auteur peut écrire une page plus attendrissante qu'avec tous les dieux du Panthéon. C'est bien là aussi de la poésie, c'est bien là du *merveilleux!* Mais voulez-vous du merveilleux plus sublime? contemplez la vie et les douleurs du Christ, et souvenez-vous que votre Dieu s'est appelé *le Fils de l'Homme*. Nous oserons le prédire, un temps viendra que l'on sera tout étonné d'avoir pu méconnaître les beautés admirables qui existent dans les seuls noms, dans les seules expressions du christianisme, et l'on aura de la peine à comprendre comment on a pu se moquer de cette religion céleste de la raison et du malheur.

SUR L'HISTOIRE DE LA VIE DE JÉSUS-CHRIST,

DU PÈRE DE LIGNY,

DE LA COMPAGNIE DE JÉSUS.

Juin 1802.

L'histoire de la vie de Jésus-Christ est un des derniers ouvrages que nous devons à cette société célèbre, dont presque tous les membres étaient des hommes de lettres distingués. Le père de Ligny, né à Amiens en 1710, survécut à la destruction de son ordre, et prolongea jusqu'en 1788 une carrière commencée au temps des malheurs de Louis XIV, et finie à l'époque des désastres de Louis XVI. Si vous rencontriez dans le monde un ecclésiastique âgé, plein de savoir, d'esprit, d'aménité, ayant le ton de la bonne compagnie et les manières d'un homme bien élevé, vous étiez disposé à croire que cet ancien prêtre était un jésuite. L'abbé Lenfant avait aussi appartenu à cet ordre, qui a tant donné de martyrs à l'Eglise. Il avait été l'ami du père de Ligny, et c'est lui qui le détermina à publier son *Histoire de la vie de Jésus-Christ*.

Cette histoire n'est qu'un commentaire de l'Évangile, et c'est ce qui fait son mérite à nos yeux. Le père de Ligny cite le texte du Nouveau Testament, et paraphrase chaque verset de deux manières : l'une, en expliquant moralement et historiquement ce qu'on vient de lire; l'autre, en répondant aux objections que l'on a pu faire contre le passage cité. Le premier commentaire court dans la page avec le texte, comme la *Bible* du père de Carrières; le second est rejeté en note au bas de la page. Ainsi l'auteur offrant, de suite et par ordre, les divers chapitres des évangiles, faisant observer leurs rapports ou conciliant leurs apparentes contradictions, développe la vie entière du Rédempteur du monde.

L'ouvrage du père de Ligny était devenu rare, et la Société Typographique a rendu un véritable service à la religion en réimprimant ce livre utile. On connaît dans les lettres françaises plusieurs *Vies* de Jésus-Christ; mais aucune ne réunit, comme celle du père de Ligny, les deux avantages d'être à la fois une explication de l'Écriture et une réfutation des sophismes du jour. La *Vie de Jésus Christ*, par Saint-Réal, manque d'onction et de simplicité : il est plus aisé d'imiter Salluste et le cardinal de Retz (1), que d'atteindre au ton de l'Évangile. Le père de Montreuil, dans sa *Vie de Jésus-Christ*, retouchée par le père Brignon, a conservé au contraire bien du charme du Nouveau Testament. Son style, un peu vieilli, contribue peut-être à ce charme : l'ancienne langue française, et surtout celle qu'on parlait sous Louis XIII, était très-propre à rendre l'énergie et la naïveté de l'Écriture. Il serait bien à désirer qu'on en eût fait une bonne traduction à cette époque : Sacy est venu trop tard. Les deux versions modernes de la Bible sont les versions espagnole et anglaise. La dernière, qui a souvent la force de l'hébreu, est du règne de Jacques Ier; la langue dans laquelle elle est écrite est devenue pour les trois royaumes une espèce de langue sacrée, comme le texte samaritain pour les Juifs : la vénération que les Anglais ont pour l'Écriture en paraît augmentée, et l'ancienneté de l'idiome semble encore ajouter à l'antiquité du livre.

Au reste, il ne faut pas se dissimuler que toutes les histoires de Jésus-Christ qui ne sont pas, comme celle du père de Ligny, un simple commentaire du Nouveau Testament, sont, en général, de mauvais et même de dangereux ouvrages. Cette manière de défigurer l'Évangile nous est venue des protestants, et nous n'avons pas observé qu'elle en a conduit un grand nombre au socinianisme. Jésus-Christ n'est point un homme; on ne doit point écrire sa vie comme celle d'un simple législateur. Vous aurez beau raconter ses œuvres de la manière la plus touchante, vous ne peindrez jamais que son *humanité*, sa divinité vous échappera. Les vertus de l'homme ont quelque chose de *corporel*, si nous osons parler ainsi, que l'écrivain peut saisir; mais il y a dans les vertus du Christ un *intellectuel*, une *spiritualité* qui se dérobe à la *matérialité* de nos expressions. C'est cette *vérité* dont parle Pascal, si fine et si déliée, que nos instruments grossiers ne peuvent la toucher sans *en écacher la pointe* (2). La divinité du Christ n'est donc et ne peut être que dans l'Évangile, où elle brille parmi les sacrements ineffables institués par le Sauveur, et au milieu des miracles qu'il a faits. Les apôtres seuls ont pu la rendre, parce qu'ils écrivaient sous l'inspiration de l'Esprit Saint. Ils avaient été témoins de merveilles opérées par le Fils de l'Homme; ils avaient vécu avec lui : quelque chose de sa divinité est demeuré empreint dans leur parole sacrée, comme les traits de ce céleste Messie restèrent, dit-on, imprimés dans le voile mystérieux qui servit à essuyer ses sueurs.

Sous le simple rapport du goût et des lettres, il y a d'ailleurs quelque danger à transformer ainsi l'Évangile en une *Histoire de Jésus-Christ*. En donnant aux faits je ne sais quoi d'humain et de rigoureusement historique; en appelant sans cesse à une prétendue raison, qui n'est souvent qu'une déplorable folie, en ne voulant prêcher que la morale entièrement dépouillée du dogme, les protestants ont vu périr chez eux la haute éloquence. Ce ne sont, en effet, ni les Tillotson, ni les Wilkins, ni les Goldsmith, ni les Blair, malgré leur mérite, que l'on peut regarder comme de grands orateurs, et surtout si on les compare aux Basile, aux

---

(1) La *Conjuration du comte de Fiesque*, par le cardinal DE RETZ, semble avoir servi de modèle à la *Conjuration de Venise*, par SAINT-RÉAL: il y a entre ces deux ouvrages la différence qui existe toujours entre l'original et la copie; entre celui qui écrit de verve et de génie, et celui qui, à force de travail, parvient à imiter cette verve et ce génie avec plus ou moins de ressemblance et de bonheur.

(2) *Pensées* de PASCAL.

Chrysostôme, aux Ambroise, aux Bourdaloue et aux Massillon. Toute religion qui se fait un devoir d'éloigner le dogme, et de bannir la pompe du culte, se condamne à la sécheresse. Il ne faut pas croire que le cœur de l'homme, privé du secours de l'imagination, soit assez abondant de lui-même pour nourrir les flots de l'éloquence. Le sentiment meurt en naissant, s'il ne trouve autour de lui rien qui puisse le soutenir, ni images qui prolongent sa durée, ni spectacles qui le fortifient, ni dogme qui, l'important dans la région des mystères, préviennent ainsi son désenchantement. Le protestantisme se vante d'avoir banni la tristesse de la religion chrétienne : mais dans le culte catholique, Job et ses saintes mélancolies, l'ombre des cloîtres, les pleurs du pénitent sur le rocher, la voix d'un Bossuet autour d'un cercueil, feront plus d'hommes de génie que toutes les maximes d'une morale sans éloquence, et aussi nue que le temple où elle est prêchée.

Le père de Ligny avait donc sagement considéré son sujet, lorsqu'il s'est borné dans sa *Vie de Jésus-Christ* à une simple concordance des évangiles. Et qui pourrait se flatter d'ailleurs d'égaler la beauté du Nouveau Testament? Un auteur qui aurait une pareille prétention ne serait-il pas déjà jugé? Chaque évangéliste a un caractère particulier, excepté saint Marc, dont l'évangile ne semble être que l'abrégé de celui de saint Matthieu. Saint Marc toutefois était disciple de saint Pierre, et plusieurs ont pensé qu'il a écrit sous la dictée de ce prince des apôtres. Il est digne de remarque qu'il a raconté aussi la faute de son maître. Cela nous semble un mystère sublime et touchant, que Jésus-Christ ait choisi, pour chef de son Église, précisément le seul de ses disciples qui l'eût renié. Tout l'esprit du christianisme est là : saint Pierre est l'Adam de la nouvelle loi; il est le père coupable et repentant des nouveaux Israélites; sa chute nous enseigne, en outre, que la religion chrétienne est une religion de miséricorde, et que Jésus-Christ a établi sa loi parmi les hommes sujets à l'erreur, moins encore pour l'innocence que pour le repentir.

L'évangile de saint Matthieu est surtout précieux pour la morale. C'est cet apôtre qui nous a transmis le plus grand nombre de ces préceptes en sentiments qui sortaient avec tant d'abondance des entrailles de Jésus-Christ.

Saint Jean a quelque chose de plus doux et de plus tendre. On reconnaît en lui *le disciple que Jésus aimait*, le disciple qu'il voulut avoir auprès de lui au jardin des Oliviers, pendant son agonie. Sublime distinction des nouveaux sans doute! car il n'y a que l'ami de notre âme qui soit digne d'entrer dans le mystère de nos douleurs. Jean fut encore le seul des apôtres qui accompagna le Fils de l'Homme jusqu'à la croix. Ce fut là que le Sauveur lui légua sa mère : *Mater, ecce filius tuus; discipulus, ecce mater tua*. Mot céleste, parole ineffable! le disciple bien-aimé, qui avait dormi sur le sein de son maître, avait gardé de lui une image ineffaçable : aussi le reconnut-il le premier après sa résurrection. Le cœur de Jean ne put se méprendre aux traits de son divin ami, et la foi lui vint de la charité.

Au reste, l'esprit de tout l'évangile de saint Jean est renfermé dans cette maxime qu'il allait répétant dans sa vieillesse : cet apôtre, rempli de jours et de bonnes œuvres, ne pouvant plus faire de longs discours au nouveau peuple qu'il avait enfanté à Jésus-Christ, se contentait de lui dire : *Mes petits enfants, aimez-vous les uns les autres*.

Saint Jérôme prétend que saint Luc était médecin, profession si noble et si belle dans l'antiquité, et que son évangile est la médecine de l'âme. Le langage de cet apôtre est pur et élevé : on voit que c'était un homme versé dans les lettres, et qui connaissait les affaires et les hommes de son temps. Il entre dans son récit à la manière des anciens historiens; vous croyez entendre Hérodote :

« 1. Comme plusieurs ont entrepris d'écrire l'histoire des choses qui se sont accomplies parmi nous,

« 2. Suivant le rapport que nous en ont fait ceux qui, dès le commencement, les ont vues de leurs propres yeux, et qui ont été les ministres de la parole,

« 3. J'ai cru que je devais aussi, très-excellent Théophile, après avoir été exactement informé de toutes ces choses depuis leur commencement, vous en écrire par ordre toute l'histoire. »

Notre ignorance est telle aujourd'hui, qu'il y a peut-être des *gens de lettres* qui seront étonnés d'apprendre que saint Luc est un très-grand écrivain, dont l'évangile respire le génie de l'antiquité grecque et hébraïque. Qu'y a-t-il de plus beau que tout le morceau qui précède la naissance de Jésus-Christ?

« Au temps d'Hérode, roi de Judée, il y avait un prêtre nommé « Zacharie, du sang d'Abia : sa femme était aussi de la race « d'Aaron, et s'appelait Elisabeth.

« Ils étaient tous deux justes devant Dieu... Ils n'avaient point « d'enfants, parce qu'Elisabeth était stérile, et qu'ils étaient tous « deux avancés en âge. »

Zacharie offre un sacrifice; un ange lui apparaît *debout à côté de l'autel des parfums*. Il lui prédit qu'il aura un fils, que ce fils s'appellera Jean, qu'il sera le précurseur du Messie, *et qu'il réunira le cœur des pères et des enfants*. Le même ange va trouver ensuite *une vierge qui demeurait en Israël*, et lui dit : « Je vous « salue, ô pleine de grâce! le Seigneur est avec vous. » Marie s'en va *dans les montagnes de la Judée*; elle rencontre Elisabeth,

et l'enfant que celle-ci portait dans son sein tressaille à la voix de la Vierge qui devait mettre au jour le Sauveur du monde. Élisabeth, remplie tout à coup de l'Esprit Saint, élève la voix et s'écrie :
« Vous êtes bénie entre toutes les femmes, et le fruit de votre
« sein est béni.
« D'où me vient le bonheur que la mère de mon Sauveur
« vienne vers moi?
« Car lorsque
« vous m'avez sa-
« luée, votre voix
« n'a pas plutôt
« frappé mon oreil-
« le, que mon en-
« fant a tressailli
« de joie dans mon
« sein. »

Marie entonne alors le magnifique cantique : « O
« mon âme, glori-
« fie le Seigneur!»

L'histoire de la crèche et des bergers vient ensuite. *Une troupe nombreuse de l'armée céleste* chante pendant la nuit : *Gloire à Dieu dans le ciel, et paix aux hommes sur la terre!* mot digne des anges, et qui est comme l'abrégé de la religion chrétienne.

Nous croyons connaître un peu l'antiquité, et nous osons assurer qu'on chercherait longtemps chez les plus beaux génies de Rome et de la Grèce avant d'y trouver rien qui soit à la fois aussi simple et aussi merveilleux.

Quiconque lira l'Évangile avec un peu d'attention y découvrira à tous moments des choses admirables, qui échappent d'abord, à cause de leur extrême simplicité. Saint Luc, par exemple, en donnant la généalogie du Christ, remonte jusqu'à la naissance du monde. Arrivé aux premières générations, et continuant à nommer les races, il dit : *Cainan, qui fuit Henos, qui fuit Seth, qui fuit Adam, qui fuit* Dei ; le simple mot *qui fuit Dei*, jeté là sans commentaire et sans réflexion pour raconter la création, l'origine, la nature, les fins et le mystère de l'homme, nous semble de la plus grande sublimité.

Il faut louer le père de Ligny, qui a senti qu'on ne devait rien changer à ces choses, et qu'il n'y avait qu'un goût égaré et un

Le prêtre proscrit.

christianisme mal entendu qui pouvaient ne pas se contenter de pareils traits. Son *Histoire de Jésus-Christ* offre une nouvelle preuve de cette vérité que nous avons avancée ailleurs; savoir, que les beaux-arts chez les modernes doivent au culte catholique la majeure partie de leurs succès. Soixante gravures, d'après les maîtres des écoles italienne, française et flamande, enrichissent le bel ouvrage que nous annonçons : chose bien remarquable, qu'en voulant ajouter quelques tableaux à une Vie de Jésus-Christ, on s'est trouvé avoir renfermé dans ce cadre tous les chefs-d'œuvre de la peinture moderne (1).

On ne saurait trop donner d'éloges à la Société Typographique, qui, dans si peu de temps, nous a donné avec un goût et un discernement parfait, des ouvrages si généralement utiles : les *Sermons choisis de Bossuet* et de *Fénelon*, les *lettres de saint François de Sales*, et plusieurs autres excellents livres, tous sortis des mêmes presses et ne laissent rien à désirer pour l'exécution.

L'ouvrage du père de Ligny, embelli par la peinture, doit recevoir encore un autre ornement non moins précieux; M. de Bonald s'est chargé d'en écrire la préface : ce nom seul promet le talent et les lumières, et commande le respect et l'estime. Eh! qui pourrait mieux parler des lois et des préceptes de Jésus-Christ que l'auteur du *Divorce*, de la *Législation primitive*, et de la *Théorie du pouvoir politique et religieux?*

N'en doutons point, ce culte insensé, cette folie de la Croix, dont une superbe sagesse nous annonçait la chute prochaine, va renaître avec une nouvelle force; la palme de la religion croît

(1) Raphaël, Michel-Ange, le Dominiquin, le Carrache, Paul Véronèse, Le Titien, Léonard de Vinci, le Guerchin, Lanfranc, le Poussin, Le Sueur, Lebrun, Rubens, etc.

toujours à l'égal des pleurs que répandent les chrétiens, comme l'herbe des champs reverdit dans une terre nouvellement arrosée. C'était une insigne erreur de croire que l'Évangile était détruit, parce qu'il n'était plus défendu par les heureux du monde. La puissance du christianisme est dans la cabane du pauvre, et sa base est aussi durable que la misère de l'homme, sur laquelle elle est appuyée. « L'Église, » dit Bossuet dans un passage qu'on croirait échappé à la tendresse de Fénelon, s'il n'avait un tour plus original et plus élevé; « l'Église est fille du « Tout-Puissant : mais son père, qui la soutient au dedans, l'a- « bandonne souvent aux persécutions; et, à l'exemple de Jésus- « Christ, elle est obligée de crier, dans son agonie : *Mon Dieu!* « *mon Dieu! pourquoi m'avez-vous délaissée* (1)? Son Époux « est le plus parfait de tous les enfants des hommes(2), mais elle « n'a entendu sa voix agréable, elle n'a joui de sa douce et dé- « sirable présence, qu'un moment (3). Tout d'un coup il a pris « la fuite avec une course rapide; *et, plus vite qu'un faon de* « *biche, il s'est élevé au-dessus des plus hautes montagnes* (4). « Semblable à une épouse désolée, l'Église ne fait que gémir ; et « le chant de la tourterelle délaissée (5) est dans sa bouche. « Enfin elle est étrangère et comme errante sur la terre, où elle « vient recueillir les enfants de Dieu sous ses ailes; et le monde, « qui s'efforce de les lui ravir, ne cesse de traverser son pèle- « rinage (6). »

Il peut le traverser, ce pèlerinage, mais non pas l'empêcher de s'accomplir. Si l'auteur de cet article n'en eût pas été persuadé d'avance, il en serait maintenant convaincu par la scène qui se passe sous ses yeux (7). Quelle est cette puissance extraordinaire qui promène ces cent mille chrétiens sur ces ruines? Par quel prodige la croix reparaît-elle en triomphe dans cette même cité où naguère une dérision horrible la traînait dans la fange ou le sang? D'où renaît cette solennité proscrite? Quel chant de miséricorde a remplacé si soudainement le bruit du canon et les cris des chrétiens foudroyés? Sont-ce les pères, les mères, les frères, les sœurs, les enfants de ces victimes qui prient pour les ennemis de la foi, et que vous voyez à genoux de toutes parts, aux fenêtres de ces maisons délabrées, et sur les monceaux de pierres où le sang des martyrs fume encore? Les collines chargées de monastères, non moins religieux parce qu'ils sont déserts; ces deux fleuves où la cendre des confesseurs de Jésus-Christ a si souvent été jetée; tous les lieux consacrés par les premiers pas du christianisme dans les Gaules; cette grotte de saint l'othin, les catacombes d'Irénée, n'ont point vu de plus grands miracles que celui qui s'opère aujourd'hui. Si en 1793, au moment des *mitraillades* de Lyon, lorsque l'on démolissait les temples et que l'on massacrait les prêtres, lorsqu'on promenait dans les rues on âne chargé des ornements sacrés, et que le bourreau, armé de sa hache, accompagnait cette digne pompe de la Raison, si un homme eût dit alors : » Avant que dix ans se soient écoulés, un « prince de l'Église, un archevêque de Lyon, portera publique- « ment le Saint-Sacrement dans les mêmes lieux; il sera ac- « compagné d'un nombreux clergé; de jeunes filles vêtues de « blanc, des hommes de tout âge et de toutes professions, sui- « vront, précéderont la pompe, avec des fleurs et des flambeaux; « ces soldats trompés, que l'on a armés contre la religion, pa- « raîtront dans cette fête pour la protéger; » si un homme, disons-nous, eût tenu un pareil langage, on l'eût passé pour un visionnaire; et pourtant cet homme n'eût pas dit encore toute la vérité. La veille même de cette pompe, plus de dix mille chré-

(1) *Deus meus! Deus meus! ut quid dereliquisti me?*
(2) *Speciosus forma præ filiis hominum.* (*Psal.* XLIV, 3.)
(3) *Amicus autem sponsi, qui stat, et audit eum, gaudio gaudet propter vocem sponsi.* (JOAN., III. 29.)
(4) *Fuge, dilecte mi, et assimilare capreæ hinnuloque cervorum super montes aromatum.* (*Cant.* VIII, 14.)
(5) *Vox turturis audita est in terra nostra.* (*Cant.* II, 12.)
(6) *Oraison funèbre de M. Le Tellier.*
(7) L'auteur écrivait ceci à Lyon, le jour de la Fête-Dieu.

tiens ont voulu recevoir le sceau de la foi : le digne prélat de cette grande commune a paru, comme saint Paul, au milieu d'une foule immense, qui lui demandait un sacrement si précieux dans les temps d'épreuve, puisqu'il donne la force de confesser l'Évangile. Et ce n'est pas tout encore; des diacres ont été ordonnés, des prêtres ont été sacrés. Dira-t-on que les nouveaux pasteurs cherchent la gloire et la fortune? Où sont les bénéfices qui les attendent, les honneurs qui peuvent les dédommager des travaux qu'exige leur ministère. Une chétive pension alimentaire, quelque presbytère à moitié ruiné, ou un réduit obscur, fruit de la charité des fidèles, voilà tout ce qui leur est promis. Il faut encore qu'ils comptent sur les calomnies, sur les dénonciations, sur les dégoûts de toute espèce : disons plus, si un homme tout-puissant retirait sa main aujourd'hui, demain la philosophisme ferait tomber les prêtres sous le glaive de la *tolérance*, ou rouvrirait pour eux les philanthropiques déserts de la Guiane. Ah! lorsque ces enfants d'Aaron sont tombés la face contre terre, lorsque l'archevêque, debout devant l'autel, étendant les mains sur les lévites prosternés, a prononcé ces paroles : *Accipe jugum Domini*, la force de ces mots a pénétré tous les cœurs et rempli tous les yeux de larmes; ils l'ont accepté, *le joug du Seigneur :* ils se trouveront d'autant plus léger (*onus ejus leve*) que les hommes cherchent à l'appesantir. Ainsi, malgré les prédictions des oracles du siècle, malgré *les progrès* de l'esprit humain, l'Église croît et se perpétue, selon l'oracle bien plus certain de celui qui l'a fondée : et, quels que soient les orages qui peuvent encore l'assiéger, elle triomphera des *lumières* des sophistes, comme elle a triomphé des ténèbres des Barbares.

BEATTIE.

Juin 1801.

Le génie écossais a soutenu avec honneur, dans ce dernier siècle, une littérature que les Pope, les Addison, les Steele, les Rowe, avaient élevée à un haut degré de gloire. L'Angleterre ne compte point d'historiens supérieurs à Hume et à Robertson, ni de poètes plus riches et plus aimables que Thomson et Beattie. Celui-ci, qui n'est jamais descendu de son désert, simple ministre, et professeur de philosophie dans une petite ville du nord de l'Écosse, a fait entendre des chansons d'un caractère tout nouveau, et touché une lyre qui rappelle un peu la harpe du barde. Son principal et pour ainsi dire son seul ouvrage est un petit poëme intitulé le *Minstrel*, ou *les Progrès du Génie*. Beattie a voulu peindre les effets de la Muse sur un jeune berger de la montagne, et retracer des inspirations qu'il avait sans doute éprouvées lui-même. L'idée primitive du *Minstrel* est charmante, et la plupart des détails en sont très-agréables. Le poëme est écrit en stances rimées comme les vieilles ballades écossaises, ce qui ajoute encore à sa singularité. On y trouve la vérité, comme dans tous les auteurs étrangers, des longueurs et des traits de mauvais goût. Le docteur Beattie aime à s'étendre sur les lieux communs de morale, qu'il n'a pas toujours l'art de rajeunir. En général, les hommes d'une imagination brillante et tendre ont peu de profondeur dans la pensée, ou de force dans le raisonnement. Il faut des passions brûlantes ou un grand génie pour enfanter de grandes idées. Il y a un certain calme du cœur et une certaine douceur d'esprit qui semblent exclure le sublime.

Un ouvrage tel que le *Minstrel* n'est pas susceptible d'analyse. Pour le faire connaître, il faut le traduire. Je donnerai donc ici le premier chant de cette aimable production, en en retranchant toutefois ce que la délicatesse française ne pourrait supporter. Je préfère m'attacher à montrer les beautés plutôt qu'à compter curieusement les défauts d'un livre. J'aime mieux agrandir l'homme devant l'homme, que de le rapetisser à ses yeux. D'ailleurs, on s'instruit mieux par l'admiration que par le dégoût; l'une vous révèle la présence du génie, l'autre se borne à vous découvrir des taches que tous les regards peuvent apercevoir; c'est dans la belle ordonnance des cieux quel'on sent la Divinité, et non pas dans quelques irrégularités de la nature.

LE MINSTREL,

ou

LES PROGRÈS DU GÉNIE.

Ah! qui peut dire combien il est difficile de gravir le sommet où brille au loin le temple de la gloire? qui peut dire combien de génies sublimes ont senti l'influence d'un astre funeste? Repoussés par les outrages de l'orgueil et par les dédains de l'envie, arrêtés par l'insurmontable barrière de l'indigence, ils ont langui quelque temps dans les obscurs sentiers de la vie, puis ils ont disparu dans la tombe, inconnus, et sans être pleurés.

Et cependant les langueurs d'une vie sans gloire ne sont pas également accablantes pour tous! Celui qui ne prêta jamais l'oreille à la voix de la louange ne se plaindra point du silence de l'oubli. Il en est qui, sourds aux cris de l'ambition, frémiraient d'entendre la trompette de la Renommée. Heureux de n'avoir en partage que la santé, l'aisance et la paix, il ne portait pas plus haut ses désirs celui dont la simple histoire est retracée dans des vers sans art.

Si je voulais invoquer une Muse savante, mes doctes accords diraient ici quelle fut la destinée du barde dans les jours du vieux temps; je le peindrais portant un cœur content sous de simples habits; on verrait ses cheveux flottants et sa barbe blanchie; sa harpe modeste, seule compagne de son chemin, répondant aux soupirs des brises, serait suspendue à ses épaules voûtées; le vieillard, en marchant, chanterait à demi-voix quelque refrain joyeux.

Mais un pauvre *minstrel* inspire aujourd'hui mes vers. Ne vous étonnez point, mortels superbes, si je lui consacre mes accents. Les Muses méprisent le sourire insultant de la fortune, et ne fléchissent point le genou devant l'idole des grandeurs. . . .

. . . .
Si les montagnes du Potose brillent de l'éclat du diamant et de l'or, si les montagnes de l'Écosse s'élèvent froides et stériles, dans le sein des premières germent la cupidité et la corruption; paisibles sont les vallées des secondes, et purs les cieux qui les éclairent.

Dans les siècles gothiques (comme les vieilles ballades le racontent) vivait autrefois un berger. Ses ancêtres avaient peut-être habité une terre aimée des Muses, les grottes de la Sicile ou les vallées de l'Arcadie; mais lui, il était né dans les contrées du nord, chez une nation fameuse par ses chansons et par la beauté de ses vierges; nation fière quoique modeste, innocente quoique libre, patiente dans le travail, ferme dans les périls, inébranlable dans sa foi, invincible sous les armes.

Ce berger paissait son petit troupeau sur les montagnes d'Écosse; jamais il ne mania la faux ou ne guida la charrue. Un cœur honnête était tout son trésor. Il buvait l'eau du rocher; ses brebis fournissaient de lait à ses repas, et lui prêtaient leurs molles toisons pour le défendre des injures de l'hiver; il suivait leurs pas errants partout où elles voulaient s'égarer.

Du travail naît la santé; de la santé, la paix, source de toute joie. Il n'enviait point les rois, il ne pensait point à eux : il n'était point troublé par ces désirs que trompe la fortune, qu'éteint la jouissance. Un père vertueux, une mère pudique, suffisaient au besoin de son cœur : il n'aimait qu'eux, et il les aimait. Il puis son enfance.

Il était toute la postérité de ce couple innocent. Aucun oracle ne l'avait annoncé au monde; aucun prodige n'éclata sur son berceau. Vous devinez toutes les circonstances de la naissance d'Edwin, les transports du père et les soins maternels, les prières offertes par la matrone pour le bonheur, l'esprit et la vertu de l'enfant, et tout un long jour d'été passé dans le repos et la joie.

Edwin n'était pas un enfant vulgaire. Son œil semblait souvent chargé d'une grave pensée; il dédaignait les hochets de son âge, hors un petit chalumeau grossièrement façonné; il était sensible, quoique sauvage, et gardait le silence quand il était content : il se montrait tour à tour plein de joie ou de tristesse, sans qu'on en devinât la cause. Les voisins tressaillaient et soupiraient à sa vue, et cependant le bénissaient. Aux uns il semblait d'une intelligence merveilleuse; aux autres il paraissait insensé.

Mais pourquoi dirais-je les jeux de son enfance? Il ne se mêlait point à la foule bruyante de ses jeunes compagnons; il aimait à s'enfoncer dans la forêt, ou à s'égarer sur le sommet solitaire de la montagne. Souvent les détours d'un ruisseau sauvage conduisaient ses pas à des bocages ignorés. Tantôt il descend au fond des précipices, du sommet desquels se penchent de vieux pins; tantôt il gravit des cimes escarpées, où le torrent brille de rochers en rochers; où les eaux, les forêts, les vents forment un concert immense, que l'écho grossit et porte jusqu'aux cieux.

Quand l'aube commence à blanchir les airs, Edwin, assis au sommet de la colline, contemple au loin les nuages de pourpre, l'océan d'azur, les montagnes grisâtres, le lac qui brille faiblement parmi les bruyères vaporeuses, et la longue vallée étendue vers l'occident, où le jour lutte encore avec les ombres.

Quelquefois, pendant les brouillards de l'automne, vous le verriez escalader le sommet des monts. O plaisir effrayant! debout sur la pointe d'un roc, comme un matelot sauvé du naufrage sur une côte déserte, il aime à voir des vapeurs se rouler en vagues énormes, s'allonger sur les horizons, là se creuser un golfe, ici s'arrondir autour des montagnes. Du fond du gouffre, au-dessous de lui, la voix de la bergère et le bêlement des troupeaux remontent jusqu'à son oreille, à travers la brume épaisse.

Cet étrange enfant aimait d'un amour égal les scènes agréables et les scènes terribles. Il trouvait autant de délices dans les ombres et les tempêtes que dans le rayon du midi, lorsqu'il brille sur l'Océan calmé. Ce penchant à la tristesse l'intéressait aux malheurs des hommes. Si quelquefois un soupir s'échappait de son cœur, si une larme de pitié coulait le long de ses joues, il ne cherchait point à retenir ce soupir tendre, une larme si douce.

« Bois sauvages, qu'est devenue votre verdure? » (C'est ainsi que la Muse interprète ses jeunes pensées.) « Vallons, où sont
« allés vos fleurs et vos parfums, naguère si délicieux aux heures
« brûlantes du jour? Pourquoi les oiseaux, qui apportaient l'har-
« monie à vos bocages, ont-ils abandonné leurs demeures? Le
« vent siffle tristement dans les herbes jaunes, et chasse devant
« lui les feuilles séchées. . . . .
« . . . .
« Tout passe ainsi sur la terre! Ainsi fleurit et se fane l'homme
« majestueux.
« . . . .
« . . . .
« Portés sur l'aile rapide et silencieuse du temps, la vieillesse et
« l'hiver ont bientôt flétri les fleurs et nos jeunes années.

« Eh bien! déplorez vos destinées, vous dont les grossières
« espérances rampent dans cet obscur séjour! Mais l'âme su-
« blime qui porte ses regards au delà du tombeau sourit aux
« misères humaines, et s'étonne de vos larmes. Le printemps
« ne viendra-t-il plus ranimer ces scènes décolorées? Le soleil
« a-t-il trouvé une couche éternelle dans la vague de l'occident?
« Non; bientôt l'orient s'enflammera de nouveaux feux; bientôt
« le printemps rendra la verdure et l'harmonie aux bocages.

« Et je resterais abandonné dans la poussière, quand une
« Providence bienfaisante fera revivre les fleurs! Quoi! la voix de
« la nature, à l'homme seul injuste, le condamnerait à périr,
« lorsqu'elle lui commande d'espérer! Loin de moi ces pensées.
« Il viendra l'immortel printemps des cieux! la mâle beauté de
« l'homme fleurira de nouveau. »

C'était de son père religieux qu'Edwin avait appris ces vérités sublimes... Mais voilà le romanesque enfant qui sort de l'asile où il s'était mis à couvert des tièdes ondées du midi. Elle est passée, la pluie de l'orage; maintenant l'air est frais et parfumé. Dans l'orient obscur, déployant un arc immense, l'iris brille au soleil couchant. Jeune insensé, qui croit pouvoir saisir le glorieux météore! combien vaine est la course que ton ardeur a commencée! La brillante apparition s'éloigne à mesure que tu la poursuis. Ah! puisses-tu savoir qu'il en est ainsi dans la jeunesse, lorsque nous poursuivons les chimères de la vie! que cet emblème d'une espérance trompée serve un jour à modérer tes passions, et à te consoler quand tes vœux seront déçus! Mais pourquoi une triste prévoyance alarmerait-elle ton cœur? Périsse cette vaine sagesse qui étouffe les jeunes désirs! Poursuis, aimable enfant, poursuis ton radieux fantôme; livre-toi aux illusions et à l'espérance; trop tôt, hélas! l'espérance et les illusions s'évanouiront elles-mêmes.

Quand la cloche du soir, balancée dans les airs, chargeait de ses gémissements la brise solitaire, le jeune Edwin, marchant avec lenteur, et prêtant une oreille attentive, se plongeait dans le fond des vallées; tout autour de lui, il croyait voir errer des convois funèbres, de pâles ombres, des fantômes traînant des chaînes ou de longs voiles: mais bientôt ces bruits de la mort se perdaient dans le cri lugubre du hibou, ou dans les murmures du vent des nuits, qui ébranlait par intervalles les vieux dômes d'une église.

Si la lune rougeâtre se penchait à son couchant sur la mer mélancolique et sombre, Edwin allait chercher les bords de ces sources inconnues où s'assemblaient sur des bruyères les magiciennes des temps passés. Là souvent le sommeil venait le surprendre, et lui apportait ses visions. D'abord une brise sauvage commençait à siffler à son oreille, puis des lampes allumées tout à coup par une flamme magique illuminaient la voûte de la nuit.

Soudain, dans son rêve, s'élève devant lui un château dont le portique est chargé de blasons. La trompette sonne, le pont-levis s'abaisse; bientôt sortent du manoir gothique des guerriers aux casques verts, tenant à la main des boucliers d'or et des lances de diamant. Leur regard est affable, leur démarche, hardie; au milieu d'eux, de vénérables troubadours, vêtus de longues robes, animent d'un souffle harmonieux le chalumeau guerrier.

Au bruit des chansons et des timbales, une troupe de belles dames s'avance du fond d'un bocage de myrte. Les guerriers déposent la lance et le bouclier, et les danses commencent au son d'une musique vive et joyeuse. On se mêle, on se quitte; on fuit, on revient; on confond les détours du dédale mobile; les forêts resplendissent au loin de l'éclat des flambeaux, de l'or et des pierreries.

Le songe a fui... Edwin, réveillé avec l'aurore, ouvre ses yeux enchantés sur les scènes du matin; chaque zéphyr lui apporte mille sons délicieux; on entend le bêlement du troupeau, le tintement de la cloche de la brebis, le bourdonnement de l'abeille; la cornemuse fait retentir les rochers, et se mêle au bruit sourd de l'Océan lointain qui bat ses rivages.

Le chien de la cabane aboie en voyant passer le pèlerin matinal; la laitière, couronnée de son vase, chante en descendant la colline; le laboureur traverse les guérets en sifflant; le lourd chariot crie en gravissant le sentier de la montagne; le lièvre étonné sort des épis vacillants; la perdrix s'élève sur son aile bruyante; le ramier gémit dans son arbre solitaire, et l'alouette gazouille au haut des airs.

O nature! que tes beautés sont ravissantes! tu donnes à tes amants des plaisirs toujours nouveaux. Que n'ai-je la voix et l'ardeur du séraphin pour chanter ta gloire avec un amour religieux!. . . . .
. . . .

Salut, savants maîtres de la lyre, poëtes, enfants de la nature, amis de l'homme et de la vérité! salut, vous dont les vers, pleins d'une douceur sublime, charmèrent mon enfance et instruisirent ma jeunesse!. . . . .

. . . .
Hélas, caché dans des retraites ignorées, le pauvre Edwin n'a jamais connu votre art. Quand les pluies de l'hiver et les neiges entassées ont fermé la porte de la cabane, seulement alors il entend quelques troubadours voyageurs chanter les faits de la chevalerie . . . . ou redire cette ballade touchante des deux enfants abandonnés dans le bois. En versant des pleurs sur l'attendrissante histoire, Edwin admire les prodiges de la Muse.

Quand la tempête a cessé de rugir, il parcourt l'uniforme désert des neiges; il contemple les nuages qui se balancent comme de gros vaisseaux sur les vagues de l'Océan, et cinglent vers l'horizon bleuâtre. Parmi ces décorations changeantes et toujours nouvelles, Edwin découvre des fleuves, des gouffres, des géants, des rochers entassés sur des rochers, et des tours penchées sur des tours. Alors, descendant au rivage, l'enthousiaste solitaire marche le long des grèves, en écoutant avec un plaisir mêlé de terreur le mugissement des vagues roulantes. C'est encore ainsi que, pendant l'été, lorsque les nuages de l'orage allongent leur colonne ténébreuse sur le sommet des collines, Edwin se hâte de quitter la demeure de l'homme; c'est encore ainsi qu'il s'enfonce dans la noire solitude, pour jouir des premiers feux de l'éclair et des premiers bruits du tonnerre, sous la voûte retentissante des cieux.

Quand la jeunesse du village danse au son du chalumeau, Edwin, assis à l'écart, se plaît à rêver au bruit de la musique. Oh! comme alors tous les jeux bruyants semblent vains et tumultueux à son âme! Céleste mélancolie, que sont près de toi les profanes plaisirs du vulgaire?

Est-il un cœur que la musique ne peut toucher? Ah! que ce cœur doit être insensible et farouche! Est-il un cœur qui ne sentit jamais ces transports mystérieux, enfants de la solitude et de la rêverie? ne s'adresse point aux Muses; les Muses repoussent ses vœux.

Tel ne fut point Edwin. Le chant fut son premier amour; souvent la harpe de la montagne soupira sous sa main aventureuse, et la flûte plaintive gémit suspendue à son souffle. Sa muse, encore enfant, ignorait l'art du poëte, fruit du travail et du temps. Edwin atteignit pourtant cette perfection si rare, ainsi que mes vers le diront quelque jour.

On voit par ce dernier vers que Beattie se proposait de continuer son poëme. En effet, on trouve un second chant, écrit quelque temps après; mais il est bien inférieur au premier. Edwin, en errant dans le désert, entend un jour une voix grave qui s'élève du fond d'une vallée: c'est celle d'un vieux solitaire qui, après avoir connu les illusions du monde, s'est enseveli dans cette retraite, pour y recueillir son âme et chanter les merveilles du Créateur. Cet ermite instruit le jeune *minstrel*, et lui révèle le secret de son propre génie. On voit combien cette idée était heureuse; mais l'exécution n'a pas répondu au premier dessein de l'auteur: le solitaire parle trop longtemps, et dit des choses trop communes sur les grandeurs et les misères de la vie. Toutefois on trouve encore dans ce second chant quelques passages qui rappellent le charme et le talent du premier. Les dernières strophes en sont consacrées au souvenir d'un ami que le poëte venait de perdre. Il paraît que Beattie était destiné à verser souvent des pleurs. La mort de son fils unique l'a profondément affecté, et l'a enlevé totalement aux Muses. Il vit encore sur les rochers de Morven; mais ces rochers n'inspirent plus ses chants: comme Ossian qui a perdu son Oscar, il a suspendu sa harpe aux branches d'un chêne. On dit que son fils annonçait un grand talent pour la poésie; peut-être était-il ce jeune *minstrel* qu'un père sensible avait peint, et dont il ne voit plus les pas sur le sommet de la montagne (1).

(1) Le poëte Beattie n'a pas survécu longtemps à la perte de son fils. Il traîna quelque temps sa douleur dans les montagnes d'Écosse, et mourut le 18 août 1803, à l'âge de soixante-huit ans. Beattie a publié, outre son poëme du *Minstrel*, d'autres poésies très-remarquables par le sentiment mélancolique dont elles sont empreintes. (*Note de l'Éditeur.*)

DES LETTRES ET DES GENS DE LETTRES;

RÉPONSE

A UN ARTICLE INSÉRÉ DANS LA *GAZETTE DE FRANCE*

DU 27 AVRIL (1).

Mai 1806.

La *Défense du Génie du Christianisme* est jusqu'à présent la seule réponse que j'aie faite à toutes les critiques dont on a bien voulu m'honorer. J'ai le bonheur ou le malheur de rencontrer mon nom assez souvent dans des ouvrages polémiques, des pamphlets, des satires. Quand la critique est juste, je me corrige; quand le mot est plaisant, je ris; quand il est grossier, je l'oublie. Un nouvel *ennemi* vient de descendre dans la lice; c'est un *chevalier béarnais*. Chose assez singulière, ce chevalier m'accuse de préjugés gothiques, et de mépris pour les lettres! J'avoue que je n'entends pas parler de sang-froid de chevalerie; et quand il est question de tournois, de défis, de castilles, de pas d'armes, je me mettrais volontiers comme le seigneur don Quichotte à courir les champs pour réparer les torts. Je me rends donc à l'appel de mon adversaire. Cependant je pourrais refuser de faire avec lui le coup de lance, puisqu'il n'a pas déclaré son nom, ni haussé la visière de son casque après le premier assaut; mais comme il a observé religieusement les autres lois de la joûte, en évitant avec soin de frapper à la *tête* et au *cœur*, je le tiens pour loyal chevalier, et je relève le gant.

Cependant quel est le sujet de notre querelle? Allons-nous nous battre, comme c'est assez l'usage entre les preux, sans trop savoir pourquoi? Je veux bien soutenir que la *dame* de mon cœur est incomparablement plus belle que celle de mon adversaire; mais si par hasard nous servions tous deux la même dame? C'est en effet notre aventure. Je suis au fond du même avis ou plutôt du même amour que le chevalier béarnais, et comme lui, je déclare atteint de félonie quiconque manque de respect pour les Muses.

Changeons de langage et venons au fait. J'ose dire que le critique qui m'attaque avec tant de goût, de savoir et de politesse, mais peut-être avec un peu d'humeur, n'a pas bien compris ma pensée.

Quand je ne veux pas que les rois se mêlent des tracasseries du Parnasse, ai-je donc infiniment tort? Un roi sans doute doit aimer les lettres, les cultiver même jusqu'à un certain degré, et les protéger dans ses États; mais est-il bien nécessaire qu'il fasse des livres! Le juge souverain peut-il, sans inconvénients, s'exposer à être jugé? Est-il bon qu'un monarque donne, comme un homme ordinaire, la mesure de son esprit et réclame l'indulgence de ses sujets dans une préface? il me semble que les dieux ne doivent pas se montrer si clairement aux hommes : Homère met une barrière de nuages aux portes de l'Olympe.

Quant à cette autre phrase, *un auteur doit être pris dans les rangs ordinaires de la société*, j'en demande pardon à mon censeur; mais cette phrase n'implique pas le sens qu'il y trouve. Dans l'endroit où elle est placée (2), elle se rapporte aux rois, uniquement aux rois. Je ne suis point assez absurde pour vouloir que les lettres soient abandonnées précisément à la partie *non lettrée* de la société. Elles sont du ressort de tout ce qui pense; elles n'appartiennent point à une classe d'hommes particulière, elles ne sont point une attribution des rangs, mais une distinction des esprits. Je n'ignore pas que Montaigne, Malherbe, Descartes, La Rochefoucauld, Fénelon, Bossuet, La Bruyère,

(1) Cet article est de M. de Baure, auteur d'une *Histoire du Béarn*, et beau-frère de M. le comte Daru.
(2) Voyez l'article sur les *Mémoires de Louis XIV*.

Boileau même, Montesquieu et Buffon, ont tenu plus ou moins à l'ancien corps de la noblesse, ou par la robe, ou par l'épée; je sais bien qu'un beau génie ne peut déshonorer un nom illustre; mais, puisque mon critique me force à le dire, je pense qu'il y a toutefois moins de péril à cultiver les muses dans un état obscur que dans une condition éclatante. L'homme sur qui rien n'attire les regards expose peu de chose au naufrage. S'il ne réussit pas dans les lettres, sa manie d'écrire ne l'aura privé d'aucun avantage réel, et son rang d'auteur oublié n'ajoutera rien à l'oubli naturel qui l'attendait dans une autre carrière.

Il n'en est pas ainsi de l'homme qui tient une place distinguée dans le monde, ou par sa fortune, ou par ses dignités, ou pour les souvenirs qui s'attachent à ses aïeux. Il faut qu'un tel homme balance longtemps avant de descendre dans une lice où les chutes sont cruelles. Un moment de vanité peut lui enlever le bonheur de toute sa vie. Quand on a beaucoup à perdre, on ne doit écrire que forcé pour ainsi dire par son génie, et dompté par la présence du dieu : *fera corda domans*. Un grand talent est une grande raison, et l'on répond à tout avec de la gloire. Mais si l'on ne sent pas en soi ce *mens divinior*, qu'on se garde bien alors de *ces démangeaisons qui nous prennent d'écrire* :

> Et n'allez point quitter, de quoi que l'on vous somme,
> Le nom que, dans la cour, vous avez d'honnête homme,
> Pour prendre de la main d'un avide imprimeur
> Celui de ridicule et misérable auteur.

Si je voyais quelque Duguesclin rimailler sans l'aveu d'Apollon un méchant poëme, je lui crierais : « Sire Bertrand, changez « votre plume pour l'épée de fer du bon connétable. Quand vous « serez sur la brèche, souvenez-vous d'invoquer, comme votre an- « cêtre, *Notre-Dame Duguesclin*. Cette Muse n'est pas celle qui « chante les villes prises, mais c'est celle qui les fait prendre. »

Mais, au contraire, si le descendant d'une de ces familles qui figurent dans notre histoire s'annonce au monde par un *Essai* plein de force, de chaleur et de gravité, ne craignez pas que je le décourage. Eût-il des opinions contraires aux miennes, son livre blessât-il non-seulement mon esprit, mais mon cœur, je ne verrai que le talent; je ne serai sensible qu'au mérite de l'ouvrage; j'introduirai le jeune écrivain dans la carrière. Ma vieille expérience lui en marquera les écueils, et en bon frère d'armes, je me réjouirai de ses succès.

J'espère que le *chevalier* qui m'attaque approuvera ces sentiments; mais cela ne suffit pas : je ne veux lui laisser aucun doute sur ma manière de penser à l'égard des lettres et de ceux qui les cultivent. Ceci va m'entraîner dans une discussion de quelque étendue : que l'intérêt du sujet m'en fasse pardonner la longueur. Eh! comment pourrais-je calomnier les lettres? Je serais bien ingrat, puisqu'elles ont fait le charme de mes jours. J'ai eu mes malheurs comme tant d'autres; car on peut dire du chagrin parmi les hommes ce que Lucrèce dit du flambeau de la vie :

> . . . . . Quasi cursores, vitæ lampada tradunt.

J'ai toujours trouvé dans l'étude quelque noble raison de supporter patiemment mes peines. Souvent, assis sur la borne d'un chemin en Allemagne, sans savoir ce que j'allais devenir, j'ai oublié mes maux, et les auteurs de mes maux, en rêvant à quelque agréable chimère que me présentaient les Muses compatissantes. Je portais pour tout bien avec moi mon manuscrit sur les déserts du Nouveau-Monde; et plus d'une fois les tableaux de la nature, tracés sous les huttes des Indiens, m'ont consolé à la porte d'une chaumière de la Westphalie, dont on m'avait refusé l'entrée.

Rien n'est plus propre que l'étude à dissiper les troubles du cœur; à rétablir dans un concert parfait les harmonies de l'âme. Quand, fatigué des orages du monde, vous vous réfugiez au sanctuaire des Muses, vous sentez que vous entrez dans un air tranquille, dont la bénigne influence a bientôt calmé vos esprits. Ci-

céron avait été témoin des malheurs de sa patrie : il avait vu dans Rome le bourreau s'asseoir auprès de la victime (par hasard échappée au glaive), et jouir de la même considération que cette victime ; il avait vu presser avec la même cordialité et la main qui s'était baignée dans le sang des citoyens, et la main qui ne s'était levée que pour les défendre; il avait vu la vertu devenir un objet de scandale dans un temps de crime, comme le crime est un objet d'horreur dans un temps de vertu; il avait vu les Romains dégénérés pervertir la langue de Scipion pour excuser leur bassesse, appeler la constance entêtement, la générosité folie, le courage imprudence, et chercher un motif intéressé à des actions honorables, pour n'avoir pas la douleur d'estimer quelque chose ; il avait vu ses amis se refroidir peu à peu pour lui, leurs cœurs se fermer aux épanchements de son cœur, leurs peines cesser d'être communes avec ses peines, leurs opinions changer par degré : ces hommes, emportés et brisés tour à tour par la roue de la fortune, l'avaient laissé dans une profonde solitude. A ces peines, déjà si grandes, se joignirent des chagrins domestiques : « Ma fille me restait, écrit-il à Sulpicius : c'était un sou-
« tien toujours présent auquel je pouvais avoir recours. Le
« charme de son entretien me faisait oublier mes peines ; mais
« l'affreuse blessure que je reçus en la perdant rouvre dans mon
« cœur toutes celles que j'y croyais fermées..... Je suis chassé
« de ma maison et du forum. »

Que fit Cicéron dans une position si triste? Il eut recours à l'étude. « Je me suis réconcilié avec mes livres, dit-il à Varron ; ils
« me rappellent à leur ancien commerce : ils me déclarent que
« vous avez été plus sage que moi de ne pas l'abandonner. »

Les Muses, qui nous permettent de choisir notre société, sont d'un puissant secours dans les chagrins politiques. Quand vous êtes fatigués de vivre au milieu des Tigellin et des Narcisse, elles vous transportent dans la société des Caton et des Fabricius. Pour ce qui est des peines du cœur, l'étude, il est vrai, ne nous rend pas les amis que nous pleurons, mais elle adoucit les chagrins que nous cause leur perte; car elle mêle leur souvenir à tout ce qu'il y a de pur dans les sentiments de la vie, et de beau dans les images de la nature.

Examinons maintenant les reproches que l'on fait aux gens de lettres. La plupart me paraissent sans fondement : la médiocrité se console souvent par la calomnie :

On dit : « Les gens de lettres ne sont pas propres au maniement des affaires. » Chose étrange, que le génie nécessaire pour enfanter l'*Esprit des Lois* ne fût pas suffisant pour conduire le bureau d'un ministre ! Quoi! ceux qui sondent si habilement les profondeurs du cœur humain ne pourraient démêler autour d'eux les intrigues des passions? Mieux vous connaîtrez les hommes, moins vous serez capable de les gouverner.

C'est un sophisme démenti par l'expérience. Les deux plus grands hommes d'État de l'antiquité, Démosthène, et surtout Cicéron, étaient deux véritables hommes de lettres, dans toute la rigueur du mot. Il n'y a peut-être jamais eu de plus beau génie littéraire que celui de César, et il paraît que ce petit-fils d'Anchise et de Vénus entendait assez bien les affaires. On peut citer en Angleterre Thomas Morus, Clarendon, Bacon, Bolingbroke ; en France, Lhôpital, Lamoignon, Daguesseau, M. de Malesherbes, et la plupart de nos premiers ministres tirés de l'Église. Rien ne me pourrait persuader que Bossuet n'eût pas une tête capable de conduire un royaume, et que le judicieux et sévère Boileau n'eût pas fait un excellent administrateur.

Le jugement et le bon sens sont surtout les deux qualités nécessaires à l'homme d'État ; et remarquez qu'elles doivent aussi dominer dans une tête littéraire sainement organisée. L'imagination et l'esprit ne sont point, comme on le suppose, les bases du véritable talent; c'est le bon sens, je le répète, le bon sens, avec l'expression heureuse. Tout ouvrage, même un ouvrage d'imagination, ne peut vivre, si les idées y manquent d'une certaine logique qui les enchaîne, et qui donne au lecteur le plaisir de la raison, même au milieu de la folie. Voyez les chefs-d'œuvre de notre littérature : après un mûr examen, vous découvrirez que leur supériorité tient à un bon sens caché, à une raison admirable, qui est comme la charpente de l'édifice. Ce qui est faux finit par déplaire : l'homme a en lui-même un principe de droiture que l'on ne choque pas impunément. De là vient que les ouvrages des sophistes n'obtiennent qu'un succès passager : ils brillent tour à tour d'un faux éclat, et tombent dans l'oubli.

On ne s'est formé cette idée de l'inaptitude des gens de lettres que parce que l'on a confondu les auteurs vulgaires avec les écrivains de mérite. Les premiers ne sont point incapables parce qu'ils sont *hommes de lettres*, mais seulement parce qu'ils sont *hommes médiocres*, et c'est l'excellente remarque de mon critique. Or, ce qui manque aux ouvrages de ces hommes, c'est précisément le jugement et le bon sens. Vous y trouverez peut-être des éclairs d'imagination, de l'esprit, une connaissance plus ou moins grande du *métier*, une habitude plus ou moins formée d'arranger les mots et de tourner la phrase ; mais jamais vous n'y rencontrerez le bon sens.

Ces écrivains n'ont pas la force de produire la pensée qu'ils ont un moment conçue. Lorsque vous croyez qu'ils vont prendre une bonne voie, tout à coup un méchant démon les égare : ils changent de direction, et passent auprès des plus grandes beautés sans les apercevoir ; ils mêlent au hasard, sans économie et sans jugement, le grave, le doux, le plaisant, le sévère ; on ne sait ce qu'ils veulent prouver, quel est le but où ils marchent, quelles vérités ils prétendent enseigner. Je conviendrai que de pareils esprits sont peu propres aux affaires humaines ; mais j'en accuserai la *nature* et non les *lettres*, et je me donnerai garde surtout de confondre ces auteurs infortunés avec des hommes de génie.

Mais si les premiers talents littéraires peuvent remplir glorieusement les premières places de leur patrie, à Dieu ne plaise que je leur conseille jamais d'envier ces places ! La majorité des hommes bien nés peut faire ce qu'ils feraient eux-mêmes dans un ministère public ; personne ne pourra remplacer les beaux ouvrages dont ils priveraient la postérité, en se livrant à d'autres soins. Ne vaut-il pas mieux aujourd'hui, et pour nous et pour lui-même, que Racine ait fait naître *sous sa main de pompeuses merveilles*, que d'avoir occupé, même avec distinction, la place de Louvois et de Colbert? Je voudrais que les hommes de talent connussent mieux leur haute destinée, qu'ils sussent mieux apprécier les dons qu'ils ont reçus du ciel. On ne leur fait point une grâce en les investissant des charges de l'État ; ce sont eux, au contraire, qui, en acceptant ces charges, font à leur pays une véritable faveur et un très-grand sacrifice.

Que d'autres s'exposent aux tempêtes, je conseille aux amants de l'étude de les contempler du rivage : « la côte de la mer de
« viendra un lieu de repos pour les pasteurs, » dit l'Écriture : *Erit funiculus maris requies pastorum*. Écoutons encore l'orateur romain : « J'estime les jours que vous passez à Tusculum,
« mon cher Varron, autant que l'espace entier de la vie, et je
« renoncerais de bon cœur à toutes les richesses du monde pour
« obtenir la liberté de vivre une vie si délicieuse..... Je l'imite
« du moins autant qu'il m'est possible, et je cherche avec beau-
« coup de satisfaction mon repos dans mes chères études..... Si
« de grands hommes n'ont jugé qu'en faveur de ces études on
« pouvait se dispenser des affaires publiques, pourquoi ne choi-
« sirais-je pas une occupation si douce ? »

Dans une carrière étrangère à leurs mœurs, les gens de lettres n'auraient que les maux de l'ambition, sans en avoir les plaisirs. Plus délicats que les autres hommes, combien ne seraient-ils pas blessés à chaque heure de la journée ! Que d'horribles choses pour eux à dévorer ! Avec quels personnages ne seraient-ils pas obligés de vivre et même de sourire ! En butte à la jalousie des gens toujours naître les vrais talents, ils seraient incessamment exposés aux calomnies et aux dénonciations de toutes les espèces ; ils trouveraient des écueils jusque dans la franchise, la simplicité ou l'élévation de leur caractère ; leurs vertus leur feraient plus de mal que des vices, et leur génie même les précipiterait dans les piéges qu'éviterait la médiocrité. Heureux s'ils trouvaient quelque occasion favorable de rentrer dans la solitude avant que la mort ou l'exil vint les punir d'avoir sacrifié leurs talents à l'ingratitude des cours !

, Poi ch' insieme con l' età fiorità
Mancò la speme, e la baldanza audace ;
Piansi I riposi di quest' umil vita,
E sospirai la mia perduta pace.

Je ne sais si je dois relever à présent quelques plaisanteries que l'on est dans l'usage de faire sur les gens de lettres, depuis le temps d'Horace. Le chantre de Lalagé et de Lydie nous raconte qu'il jeta son bouclier aux champs de Philippes ; mais l'adroit courtisan se *vante*, et l'on a pris ses vers trop à la lettre. Ce qu'il y a de certain, c'est qu'il parle de la mort avec tant de charme et une si douce philosophie, qu'on a bien de la peine à croire qu'il la craignit :

Eheu, fugaces, Posthume, Posthume,
Labuntur anni.

Quoi qu'il en soit du voluptueux solitaire de Tibur, Xénophon et César, génies éminemment littéraires, étaient de grands et intrépides capitaines ; Eschyle fit des prodiges de valeur à Salamine ; Socrate ne céda le prix du courage qu'à Alcibiade ; Tibulle était distingué dans les légions de Messala, Pétrone et Sénèque sont célèbres par la fermeté de leur mort. Dans des temps modernes, le Dante vécut au milieu des combats, et le Tasse fut le plus brave des chevaliers. Notre vieux Malherbe voulait, à soixante-treize ans, se battre contre le meurtrier de son fils : *tout vaincu du temps* qu'il était, il alla exprès au siège de La Rochelle pour obtenir de Louis XIII la permission d'appeler le chevalier de Piles en champ clos. La Rochefoucauld avait *fait la guerre aux rois*. De temps immémorial, nos officiers du génie et d'artillerie, si braves à la bouche du canon, ont cultivé les lettres, la plupart avec fruit, quelques-uns avec gloire. On sait que le Breton Saint-Foix entendait fort mal la raillerie ; et cet autre Breton, surnommé de nos jours le premier grenadier de nos armées, s'occupa de recherches savantes toute sa vie. Enfin les hommes de lettres ont prouvé en révolution à moissonnés ont tous déployé à la mort du sang-froid et du courage. S'il faut en juger par soi-même, je le dirai avec la franchise naturelle aux descendants des vieux Celtes : Soldat, voyageur, proscrit, naufragé, je ne me suis point aperçu que l'amour des lettres m'attachât trop à la vie : pour obéir aux arrêts de la religion ou de l'honneur, il suffit d'être chrétien et Français.

Les gens de lettres, dit-on encore, ont toujours flatté la puissance ; et, selon les vicissitudes de la fortune, ils ont voulu chanter et la vertu et le crime, et l'oppresseur et l'opprimé. Lucien disait à Néron, en parlant des proscriptions et de la guerre civile :

Heureuse cruauté, fureur officieuse,
Dont le prix est illustre et la fin glorieuse !
Crimes trop bien payés, trop aimables hasards,
Puisque nous vous devons le plus grand des Césars !
Que les dieux conjurés redoublent nos misères !
Que Pharsale revoie encor nos bataillons
Du plus beau sang de Rome inonder nos sillons !

Qu'on voie encore un coup Pérouse désolée !
Destins, Néron gouverne, et Rome est consolée (1) !

A cela je n'ai point de réponse pour les gens de lettres : je baisse la tête d'horreur et de confusion, en disant, comme le *médecin* dans Macbeth : *This disease is beyond my practice* : « Ce mal « est au-dessus de mon art. »

(1) *Pharsale*, traduction de Brébeuf.

Cependant ne pourrait-on pas trouver à cette dégradation une excuse bien triste sans doute, mais tirée de la nature même du cœur humain ? Montrez-moi dans les révolutions des empires, dans ces temps malheureux où un peuple entier, comme un cadavre, ne donne plus aucun signe de vie ; montrez-moi, dis-je, une classe d'hommes toujours fidèle à son honneur, et qui n'ait cédé ni à la force des événements ni à la lassitude des souffrances : je passerai condamnation sur les gens de lettres. Mais si vous ne pouvez trouver cet ordre de citoyens généreux, n'accusez plus en particulier les favoris des Muses, gémissez sur l'humanité tou entière. La seule différence qui existe alors entre l'écrivain et l'homme vulgaire, c'est que la turpitude du premier est connue, et que la lâcheté du second est ignorée. Heureux en effet, dans ces jours d'esclavage, l'homme médiocre qui peut être vil en sûreté de l'avenir, qui peut impunément se réjouir dans la fange, certain que ses talents ne le livreront point à la postérité, et que le cri de sa bassesse ne passera pas la borne de sa vie !

Il me reste à parler de la célébrité littéraire. Elle marche de pair avec celle des grands rois et des héros. Homère et Alexandre, Virgile et César, occupent également les voix de la renommée. Disons de plus que la gloire des Muses est la seule où il n'entre rien d'étranger. On peut toujours rejeter une partie du succès des armes sur les soldats ou sur la fortune : Achille a vaincu les Troyens à l'aide des Grecs, mais Homère a fait seul l' *Iliade*, et sans Homère nous ne connaîtrions pas Achille. Au reste, je suis si loin d'avoir pour les lettres le mépris qu'on me suppose, que je ne céderais pas facilement la faible portion de renommée qu'elles semblent quelquefois promettre à mes efforts. Je crois n'avoir jamais importuné personne de mes prétentions ; mais, puisqu'il faut le dire une fois, je ne suis point insensible aux applaudissements de mes compatriotes, et je sentirais mal le juste orgueil que doit m'inspirer mon pays, si je comptais pour rien l'honneur d'avoir fait connaître avec quelque estime un nom français de plus aux peuples étrangers.

Enfin, si nous en croyons quelques esprits chagrins, notre littérature est actuellement frappée de stérilité ; il ne paraît rien qui mérite d'être lu : le faux, le trivial, le gigantesque, le mauvais goût, l'ignorance, règnent de toutes parts, et nous sommes menacés de retomber dans la barbarie. Ce qui doit un peu nous rassurer, c'est que dans tous les temps on a fait les mêmes plaintes. Les journaux du siècle de Louis XIV sont remplis de déclamations sur la disette des talents. Les Subligni et les Visé regrettaient le beau temps de Ronsard. L'esprit de dénigrement est une maladie particulière à la France, parce que tout le monde a des prétentions dans ce pays, et que notre amour-propre est sans cesse tourmenté des succès de notre voisin.

Pour moi qui n'ai pas le droit d'être difficile, et qui me contente d'admirer avec la foule, je ne suis point du tout frappé de cette prétendue stérilité de notre littérature. J'ai le bonheur de croire qu'il existe encore en France des écrivains de génie, remarquables par la force de leurs pensées ou le charme de leur style ; des poëtes du premier ordre, des savants distingués, des critiques pleins de goût, dépositaires des saines doctrines, des bonnes traditions. Je nommerais facilement plusieurs ouvrages qui, j'ose le dire, passeront à la postérité. Nous pouvons affecter une humeur superbe à dédaigner les talents qui nous restent ; mais je ne doute point que l'avenir ne soit plus juste envers nous, et qu'il n'admire ce que nous aurons peut-être méprisé. Notre siècle ne démentira point l'expérience commune : les arts et les lettres brillent toujours dans les temps de révolution, hélas ! comme ces fleurs qui croissent parmi les ruines : *Feret et rubus asper amomum*.

Je termine ici cette apologie des gens de lettres. J'espère que le *chevalier béarnais* sera satisfait de mes sentiments : plût à Dieu qu'il le fût de mon style ! car, entre nous, je le soupçonne de se connaître en littérature un peu mieux qu'il ne convient à un chevalier du vieux temps. S'il faut dire tout ce que je pense, il pourrait bien, en m'attaquant, n'avoir défendu que sa cause. Son exemple prouverait, en cas de besoin, qu'un homme qui a joui d'une grande considération dans l'ordre politique et dans la première classe de la société peut être un savant distingué, un critique délicat, un écrivain plein d'aménité, et même un poëte de talent. Ces chevaliers de Béarn ont toujours courtisé les Muses; et l'on se souvient encore d'un certain Henri qui se battait d'ailleurs assez bien, et qui se plaignait en vers de sa *départie* lorsqu'il quittait Gabrielle. Toutefois, puisque mon adversaire n'a pas voulu se découvrir, j'éviterai de le nommer : je veux qu'il sache seulement que je l'ai reconnu à ses couleurs.

Les gens de lettres, que j'ai essayé de venger du mépris de l'ignorance, me permettront-ils, en finissant, de leur adresser quelques conseils dont je prendrai moi-même bonne part? Veulent-ils forcer la calomnie à se taire, et s'attirer l'estime même de leurs ennemis, il faut qu'ils se dépouillent d'abord de cette morgue et de ces prétentions exagérées qui les ont rendus insupportables dans le dernier siècle.

Soyons modérés dans nos opinions, indulgents dans nos critiques, sincères admirateurs de tout ce qui mérite d'être admiré.

Pleins de respect pour la noblesse de notre art, n'abaissons jamais notre caractère; ne nous plaignons jamais de notre destinée : qui se fait plaindre se fait mépriser; que les Muses seules et non le public, sachent si nous sommes riches ou pauvres : le secret de notre indigence doit être le plus délicat et le mieux gardé de nos secrets; que les malheureux soient sûrs de trouver en nous un appui : nous sommes les défenseurs naturels des suppliants; notre plus beau droit est de sécher les larmes de l'infortune, et d'en faire couler des yeux de la prospérité : *Dolor ipse disertum fecerat*. Ne prostituons jamais notre talent à la puissance, mais aussi n'ayons jamais d'humeur contre elle : celui qui blâme avec aigreur admirera sans discernement; de l'esprit frondeur à l'adulation il n'y a qu'un pas. Enfin, pour l'intérêt même de notre gloire et la perfection de nos ouvrages, nous ne saurions trop nous attacher à la vertu : c'est la beauté des sentiments qui fait la beauté du style. Quand l'âme est élevée, les paroles tombent d'en haut, et l'expression noble suit toujours la noble pensée. Horace et le Stagyrite n'apprennent pas tout l'art : il y a des délicatesses et des mystères de langage qui ne peuvent être révélés à l'écrivain que par la probité de son cœur, et que n'enseignent point les préceptes de la rhétorique.

Le retour du proscrit.

FIN.

www.ingramcontent.com/pod-product-compliance
Lightning Source LLC
Chambersburg PA
CBHW060459050426
42451CB00009B/727